# 黄河水利委员会水文局内部审计工作实用手册

主　　编　马　渝
副主编　邹　建
参与编写　邵咏梅　付媛媛

黄河水利出版社
·郑州·

**图书在版编目(CIP)数据**

黄河水利委员会水文局内部审计工作实用手册/马渝主编. —郑州:黄河水利出版社,2018.12
ISBN 978-7-5509-2219-8

Ⅰ.①黄… Ⅱ.①马… Ⅲ.①水文系统-内部审计-中国-手册 Ⅳ.①F426.9-62

中国版本图书馆 CIP 数据核字(2018)第 292030 号

出 版 社:黄河水利出版社 网址:www.yrcp.com
地址:河南省郑州市顺河路黄委会综合楼 14 层 邮政编码:450003
发行单位:黄河水利出版社
发行部电话:0371-66026940、66020550、66028024、66022620(传真)
E-mail:hhslcbs@126.com
承印单位:虎彩印艺股份有限公司
开本:787 mm×1 092 mm 1/16
印张:10.5
字数:256 千字 印数:1—1 000
版次:2018 年 12 月第 1 版 印次:2018 年 12 月第 1 次印刷

定价:48.00 元

# 前　言

为了帮助黄河水文系统内部审计人员更好的学习和领会内部审计工作规定,进一步规范内部审计工作,提高审计质量,我们依据2018年3月1日起施行的《审计署关于内部审计工作的规定》和《中国内部审计准则》,借鉴国内优秀内部审计教材的精华,结合黄河水利委员会水文局内部审计工作实际,精心编写了此书。本书突出了内部审计理论基础知识和实践需求,阐述了内部审计的内涵、程序和方法,以理论阐述和黄河水利委员会水文局内部审计工作实践相结合为特点,力求能够帮助黄河水文系统内部审计工作者解决工作中的困惑。

本书内容涵盖了基础知识、工作流程、行为规范、方式方法、实践操作等内容,共分为十一章:第一章内部审计概述,主要阐述了内部审计的产生和发展、内部审计机构职责和权限以及内部审计人员应该具备的职业道德和执业能力;第二章到第六章为内部审计工作流程,主要阐述内部审计前期工作准备、审计证据取得、审计工作底稿编制、审计报告撰写和后续审计开展;第七章为经济责任审计,主要阐述了经济责任审计的概念、内容、程序和方法,以及黄河水利委员会内部经济责任审计的具体操作要求;第八章为基本建设项目审计,主要阐述了工程建设项目审计概念、内容和方法,同时讲解了水利基本建设项目竣工决算审计和基本建设项目跟踪审计的相关要求和工作重点;第九章为部门预算执行审计,主要阐述了部门预算执行审计的概念、审计内容、审计方法和案例分析;第十章为绩效审计,主要阐述了绩效审计的评价方法以及绩效审计报告的编写;第十一章为专项审计调查,主要阐述了专项审计调查的概念、要点和调查方案和报告的编写方法。

本书由黄河水利委员会水文局审计人员团队合作编写而成。马渝担任本书主编,负责全书编写大纲的拟定和设计写作体例,组织并参与全书的编写工作,负责全书的统稿和审核。邹建负责协调和外联有关事宜,并参与全书的编写工作。各章节的具体分工为:马渝负责第一章第一、二节,第七章,第八章第四节的编写;邹建负责第六章,第八章第一、二、三、五节,第十一章的编写;邵咏梅负责第二章、第五章和第九章的编写;付媛媛负责第一章第三、四、五节,第三章,第四章,第十章的编写。

本书在编写过程中得到了黄河水利委员会水文局领导的大力支持和审计同仁们的通力协助,在此表示感谢。

由于时间限制,工作任务繁重,同时也受限于我们自身的能力和水平,本书难免存在一些缺憾和不足,还请审计同仁和广大读者批评指正。

**作　者**

2018年11月

# 目　录

# 第一章　内部审计概述

内部审计是在各种不同的法律和文化环境中,在宗旨、规模、复杂程度和结构各不相同的组织内,由组织内部或外部的人员具体实施的活动。

## 第一节　内部审计的定义、目标和职能

内部审计是和政府(国家)审计、注册会计师(社会)审计并列的审计类型之一。

### 一、内部审计的定义

关于什么是内部审计,不同的机构和组织有不同的定义。

中国内部审计协会《内部审计基本准则》(中内协2013年第一号公告)指出:"内部审计是一种独立、客观的确认和咨询活动,它通过运用系统、规范的方法,审查和评价组织的业务活动、内部控制和风险管理的适当性和有效性,以促进组织完善治理、增加价值和实现目标。"

国家审计署于2018年1月2日颁发了第11号令《审计署关于内部审计工作的规定》,在该规定中,审计署将内部审计定义为:"内部审计是指对本单位及所属单位财政财务收支、经济活动、内部控制、风险管理实施独立、客观的监督、评价和建议,以促进单位完善治理、实现目标的活动。"

以上版本的内部审计定义,虽然个别地方有所差异,但都对以下核心内容进行了诠释:

第一,内部审计是由组织内设的内部审计机构所实施的一种独立、客观的活动。它的目的是通过对组织的经营活动及内部控制的适当性、合法性和有效性进行审查与评价,使组织经营活动及内部控制中存在的问题得到认识和解决,以促进目标的实现。

第二,内部审计机构应当独立于被审计单位,对其做出客观、公正的评价,并提出富有建设性的审计建议和意见,使被审计单位存在的问题能够及时、有效地得到解决,促进组织目标的实现。

国际内部审计师协会《国际内部审计专业实务标准》对内部审计的定义是:"内部审计是一种独立、客观的确认和咨询活动,旨在增加价值和改善组织的运营。它通过运用系统的、规范的方法,评价并改善风险管理、控制和治理过程的效果,帮助组织实现其目标。"这个定义表明:①内部审计是一种独立、客观的活动;②内部审计是一项确认和咨询活动;③内部审计要采用系统的、规范的方法;④内部审计要对风险管理、控制及治理过程进行评价,扩大了内部审计工作的范围;⑤内部审计的目标是为组织增加价值并改善组织的运营,从而帮助实现组织的目标。

从这个定义可以看出,内部审计的发展进入一个新的更高的阶段,使其具有新的特点:①主动性,不仅要事后查出问题,而且要主动咨询服务,事前提出建议;②战略性,不仅要做好财务审计监督工作,更需要对风险管理、控制及治理过程进行评价。

## 二、内部审计目标

内部审计目标是内部审计活动所要达到的理想境地或状态，它伴随着客观经济环境的变化而变化。

防弊、兴利和增值三个目标虽然是内部审计发展不同阶段的目标，但三者之间是共存的。防弊是兴利和增值的基础，只有做好了查错纠弊，才能进一步实现兴利和增值；兴利和增值是一致的，兴利是增值的外在表现，增值则是兴利的内在要求；强调防弊不能使其成为兴利和增值的绊脚石，强调兴利增值不能以牺牲防弊为代价。

随着审计领域的不断拓展，我国目前内部审计的目标已由主要防弊转向兴利。兴利目标主要包括帮助组织确定正确的发展战略、预测和控制组织风险、保证组织有效利用现有的经济资源、确保组织遵守法律法规及规章制度等。虽然我国内部审计目标目前基本上停留在防弊和兴利的阶段，但是将增值作为内部审计目标是必然的趋势。

## 三、内部审计职能

内部审计职能，是指内部审计内在的、固有的功能。随着社会经济的发展和进步，内部审计的职能也在不断发展变化之中。现代内部审计具有监督、评价、控制和咨询等职能。

### （一）监督职能

内部审计是组织内部的一种独立的监督和评价活动，其基本职能是监督。监督是以财经法规和制度规定为评价依据，对被审计对象的财政财务收支及其经济活动进行检查和评价，衡量和确认其会计信息是否正确、真实，反映的财政财务收支和经济活动是否合法、合规、合理和有效，从而督促被审计单位遵守财经法规，改善经营管理，提高经济效益。内部审计的监督职能不能完全等同于外部审计，它具有明显的“内向性”特征，基于组织内部经营管理的需要，主要站在组织立场上，为实现组织目标服务。

### （二）评价职能

评价职能包括评定和建议两部分，它是由监督职能派生出来的另一种职能。所谓评价职能，就是通过履行审核检查程序，评价被审计单位的计划、预算、决策是否先进可行，经济活动是否按照既定的决策程序和目标进行，经济效益的好坏以及内部控制制度是否健全和有效等，从而有针对性地提出意见和建议，促进组织改善经营管理，提高经济效益。随着我国经济体制的不断完善，内部审计的评价职能显得越来越重要。由于内部审计熟悉组织生产经营情况，有条件评价组织的产、供、销和人、财、物，以及资源优化配置状况。通过评价经营效果，找出决策、计划、经营和管理上的缺陷及问题，提出改进建议和措施，为组织管理层正确决策提供科学的依据。

### （三）控制职能

内部控制是组织实现其目标的手段。内部审计既是组织内部控制的重要组成部分，又是组织内部控制的再控制。内部审计机构受组织主要负责人的直接领导，能够站在组织发展的全局来分析和考虑问题，为组织的经营管理活动实行有效控制提供直接的技术支持，并检查控制效果和程度，提出内部控制中存在的不足和问题，实现控制系统的最终目标。

### （四）咨询职能

在内部审计的定义中，明确指出内部审计是一种独立、客观的确认和咨询活动。因此，内部审计机构有义务和责任对组织的各项经营活动提供咨询服务，将自身特有的专业优势融入组织经营管理的各个方面，针对在工作中发现的问题，对制度、管理和经营控制等方面提供咨询服务，预防出现大的经营波动和管理漏洞。与此同时，内部审计机构还可以开展一些包括顾问、建议、协调、流程设计和培训等工作，为组织管理层提供扎扎实实的服务，这样的内部审计工作才有生命力，才能赢得管理层的重视和支持。正如内部审计大师劳伦斯·索耶所说的："内部审计师是内部咨询师，是家中的宾客，而不是街上的警察；他不仅要寻找那些或大或小的错误，而且要为改善业务活动提供指南；他不是处分众人的事后诸葛亮，而是鞭策人们励精图治的改革者；他不仅关心该做的事是否做了，而且关心事情是否做得恰当。"大师的这句话，深入浅出地概括了提供咨询服务是内部审计的一项重要职能。

## 第二节 内部审计人员职业道德

### 一、内部审计人员职业道德

内部审计人员职业道德是指对内部审计人员的职业品德、职业纪律、专业胜任能力及职业责任等的总称。中国内部审计协会于2013年发布的《中国内部审计具体准则》中第1201号"内部审计人员职业道德规范"第一章第二条中，将内部审计人员职业道德描述为"内部审计人员在开展内部审计工作中应当具有的职业品德、应当遵守的职业纪律和应当承担的职业责任的总称"。

**(一)职业品德**

职业品德是指内部审计人员所应当具备的职业品格和道德行为。它是职业道德体系的核心部分，其基本要求是独立、客观、正直、勤勉。

**(二)职业纪律**

职业纪律是指约束内部审计人员职业行为的法纪和戒律，尤指内部审计人员应当遵循职业准则及国家其他相关法规。

**(三)专业胜任能力**

专业胜任能力是指内部审计人员所应当具备的胜任其专业职责的能力。

**(四)职业责任**

职业责任是指内部审计人员对国家、组织、员工和其他利害关系人所应当履行的责任。

### 二、内部审计职业道德的基本要求

内部审计职业道德的基本要求包括两个方面：一是严格遵守中国内部审计准则及中国内部审计协会制定的其他规定；二是不得从事损害国家利益、组织利益和内部审计职业荣誉的活动。

(1)内部审计人员在履行职责时，应当严格遵守中国内部审计准则及中国内部审计协会制定的其他规定。

我国内部审计准则是在参考了国际内部审计师协会所颁布的内部审计实务标准的基础上，结合我国的经济情况及内部审计工作的实际情况制定的，具有科学性、现实性和前瞻性。

中国内部审计准则包括内部审计基本准则、内部审计具体准则和内部审计实务指南三个层次。

内部审计基本准则是内部审计准则的基础,是制定具体准则和实务指南的依据;内部审计具体准则是对内部审计人员实施内部审计活动过程中具体问题的规范;内部审计实务指南是针对内部审计过程中具有典型意义或特殊业务制定的规范性指南。

内部审计基本准则和内部审计具体准则针对内部审计工作各个环节中的重大问题提出了原则性的指导,具有操作性,又有一定的灵活性,它是内部审计人员在实施内部审计时必须遵循的执业标准,内部审计人员应认真遵守内部审计准则等规定;内部审计实务指南只是提供一个示范和模板的作用,不要求内部审计人员在执业过程中强制执行。这是内部审计规范的首要要求。

(2)内部审计人员不得从事损害国家利益、组织利益和内部审计职业荣誉的活动。

内部审计人员作为组织经营活动和内部控制的评价者与监督者,应保持自身的诚实、正直,忠于国家、忠于组织,维护职业荣誉,不能从事有损国家利益、组织利益和内部审计职业荣誉的活动。

## 三、内部审计职业道德的基本原则

独立、客观、正直、勤勉、廉洁是内部审计人员所应具备的最基本的职业品质,是从事内部审计职业所必须具备的基本条件。

### (一)独立原则

独立性是审计的基本特征,是审计的灵魂。独立原则是指内部审计人员执行审计业务应当在形式上和实质上独立于审计对象。

实质上的独立,也称事实上的独立,它要求内部审计人员与审计对象之间必须实实在在地毫无利害关系,与审计对象之间不存在任何可能的潜在利益冲突,不能负责被审计单位的经营活动和内部控制的决策与执行。这样才能够以客观、公正的心态表达意见,在发表意见时其专业判断不受影响,公正执业,保持客观和专业怀疑。

实质上的独立包括三个环节的独立,即计划环节、实施环节和报告环节的独立。

形式上的独立,也称面貌上的独立,它是针对第三者而言的。内部审计人员必须在第三者面前显现出一种独立于审计对象的身份,即在他人看来,内部审计人员是独立的,这样才能使内部审计结果为使用者所信任。

### (二)客观原则

客观原则是指内部审计人员对有关事项的调查、判断和意见表述,不受外来因素的影响,应当基于客观的立场,以客观事实为依据,实事求是,不掺杂个人的主观愿望,也不为委托单位或第三者的意见所左右;在分析、处理问题时,不能以个人的好恶或成见、偏见行事,要求内部审计人员在执业中必须一切从实际出发,注重调查研究。

### (三)正直原则

正直原则是指内部审计人员应当将国家、组织、员工利益置于个人利益之上,正直、诚实,明辨是非,坚持正确的行为、观点,不屈服于压力,按照法律及职业要求,遵守法律,不偏不倚地对待有关利益各方,不应牺牲一方利益为条件而使另一方受益。

### (四)勤勉原则

勤勉原则是指内部审计人员应勤勉工作,以减少因疏懒而带来的错误、疏忽和遗漏,降低审计风险。

**（五）廉洁原则**

廉洁原则是指内部审计人员在履行职责时，应当保持廉洁，不得从被审计单位获得任何可能有损职业判断的利益。

从被审计单位收取利益，会使内部审计人员的独立性、客观性受到损害，内部审计人员对被审计单位所做审查和评价的公正性、客观性不可避免地都会受到怀疑，从而与组织的利益相背，甚至带来损害。

## 第三节　内部审计人员的执业能力

### 一、内部审计人员执业能力的基本要求

随着社会经济的发展，当前内部审计工作所涉及的事项越来越复杂，综合性也越来越强，对内部审计人员的素质提出了新要求。培养造就精通内部审计业务、熟练运用现代审计技术方法的高层次和高技能审计人才，是实现内部审计工作适应时代发展、与时俱进、保持长久生命力的根本途径。

内部审计人员要提供高质量的专业服务，必须具备较强的执业能力。对内部审计人员执业能力的基本要求包括政治素质、职业道德、职业作风、业务素质、综合素质。

**（一）政治素质**

内部审计人员的政治素质主要包括以下几个方面：

（1）要有高度的责任感和使命感。认真履行法律赋予自己的神圣职责，始终保持坚定的政治立场，不断增强政治意识、政治敏锐性和政治责任感，依法履行审计监督职责，努力做一名人民利益的忠诚捍卫者，为经济建设保驾护航。

（2）要有正确的世界观、人生观、价值观。这是每个内部审计人员必须具有的最基本的政治素养。坚持自尊、自重、自律原则，牢固树立正确的世界观、人生观、价值观、荣辱观，实现自我完善。在内部审计工作岗位上，诚实守信，勇于开拓、积极进取，严格执法、依法审计，规范审计行为，提高审计质量，认真履行职责，高质量地完成本职工作。

（3）要有坚定的职业理念。内部审计人员要有热爱本职、献身审计的职业理想。强调敬业爱岗，提倡干一行、爱一行、钻一行，正确地调整个人和职业、审计工作服务对象之间的关系，自觉地按照职业要求规范自己的行为，忠实地履行自己的职责。内部审计人员作为组织经营活动和内部控制的评价者与监督者，应保持自身的诚实、正直，忠于国家、忠于组织，维护职业荣誉，不能从事有损国家利益、组织利益和内部审计职业荣誉的活动。

**（二）职业道德**

优良的职业道德是任何一个内部审计人员执业能力的基础。内部审计人员是审计活动的主体，行使审计监督的权力。这种职责在本质上决定了内部审计职业具有独立性、权威性、规范性等特点。内部审计人员只有保持良好的职业道德，才能不为他人的意志所左右，才能充分发挥审计监督的作用。内部审计人员只有以优良的职业道德在审计过程中保持独立性，才能做到客观公正、实事求是。良好的职业道德是审计人员依法审计的重要保证，是审计权威性的重要保证。

1. 依法审计、坚持原则

内部审计人员在实施审计任务时,要正确依照国家的法律、法规和审计程序办事。对问题的处理,要坚持以事实为依据,以法律为准绳,做到不徇私情,不拿原则做交易,不被干扰所影响,不被人际关系所左右,正确行使审计职权,严格审计执法,努力维护法律、法规的严肃性和审计监督的权威性。

2. 实事求是、客观公正

内部审计人员在办理审计事项时,要以严肃认真的态度和严谨扎实的作风从严实施审计,力求掌握最真实、可靠的审计依据,并对获取的信息资料认真加以归纳分析,对问题不掩盖、不夸大,如实反映情况,慎重做出审计评价,确保审计质量,尽力规避审计风险,力争使每一个审计结论都能经得起法规和历史的检验。

3. 廉洁奉公、保守秘密

审计人员只有做到廉洁奉公,才能树立良好的形象;只有做到保守秘密,才能赢得被审计单位的信任。因此,审计人员一定要自觉遵守各项规定,严守工作纪律,依法行使职责和权力。

(三)职业作风

审计职业作风是指内部审计人员的敬业精神及对待审计工作的态度。

1. 工作作风

审计工作的特殊性决定了内部审计人员必须具有扎实的工作作风。

(1)严肃认真。在日常工作中,要严格落实各项规章制度,坚持按审计程序办事;在实施具体审计任务时,要潜下心来,真抓实干,切实把问题查深、查细、查透,做到不留死角、不走过场。

(2)准确无误。对审计数据要准确统计;对审计查出的问题要如实反映;对问题的处理要提出切实可行的解决问题的办法和建议,做到合理、合法,便于执行。

(3)严谨细致。审计工作是一项既细致又烦琐的工作,稍有疏忽,就会出现差错。因此,审计人员一定要注意磨炼自己的细心和耐性,做到不马虎、不厌烦,努力把工作中可能出现的差错降到最低点。

(4)实事求是。要敢于说真话,不欺上瞒下,不弄虚作假,做到"诚实、本分、公正、可靠"。

2. 进取精神

审计工作面临许多困难和矛盾,客观上要求内部审计人员必须具有创新意识和顽强拼搏的精神,顺应形势,跟上时代发展的步伐,要求审计人员不断更新知识结构,加强学习与研究,提高消化新东西、理解新思想、挑战新技术的能力和水平。因此,内部审计人员一定要知难而进,树立有所作为的思想,消除畏难情绪,勇于向困难挑战,在实践中探索出一套内部审计工作的新思路、新方法,以适应未来审计的需要,实现审计工作的跨越式发展。

3. 团队意识

审计工作是一项集体性工作,需要依据审计人员的集体智慧、分工协作去完成,这就要求审计人员必须牢固树立团队意识。因此,在审计工作中,审计人员要明确自己所承担的角色和任务,充分发挥自己的主观能动性。审计工作专业性强,每个人都有自己的专业特长,所以相互之间要注意协调配合、取长补短、齐心协力,共同为团队整体利益与目标的实现而努力。

### （四）业务素质

审计人员业务素质的高低是影响审计工作质量好坏的一个重要因素。具有良好的业务素质是审计人员得以从事审计工作最基本的要求。内部审计人员必须拥有实施内部审计活动所必需的知识、技能和其他能力。内部审计人员应当具备的业务素质通常包括以下内容。

1. 专门知识

专门知识主要是指会计、审计、税收、管理、相关法规和其他有关专门知识。内部审计人员应当具备与其从事的审计工作相适应的专业知识。这是对内部审计人员最基本的技术要求。现代社会信息量大、知识更新快、新生事物不断涌现，这就对内部审计人员的业务技能提出了更新、更高的要求。

法规制度是审计人员判读审计项目是非曲直的准绳，依法审计是审计人员必须遵守的基本原则，这就要内部求审计人员不仅要熟悉会计制度和会计准则，而且要掌握相关的法律条文和行业规章等。只有这样，才能客观公正、实事求是地对审计事项做出正确的判断和评价，才能经得起制度和历史的检验。

2. 职业经验

职业经验主要是指实践经验。审计是一项实践性很强的工作，如何以敏捷的思维和眼力发现问题，找出问题的根据，并以较高的政策法律水平准确无误地定性和处理，需要不断地通过审计工作的实践积累职业经验。

3. 专业训练

内部审计人员执业环境是不断发展变化的，对内部审计人员的专业胜任能力和执业水平的要求也是在不断变化的。因此，内部审计人员只有不断接受职业训练，不断提高专业能力和执业水平，掌握和运用相关的新知识、新技能和新法规，才能满足执业的需要，保证执业质量。

4. 业务能力

内部审计人员要完成审计工作，实现审计目标，必须具备相应的业务能力。内部审计人员应当具备的业务能力主要包括宏观思维能力、职业敏感和洞察力、分析和综合判断能力、口头与书面表达能力等。

（1）宏观思维能力。内部审计工作要发挥宏观监督职能，内部审计人员就必须具备宏观思维能力。内部审计作为组织内部独立的经济监督活动，应当从组织的宏观角度来审查、分析、解决问题，要抓住主要矛盾和问题的要害，不能就事论事，切忌只从某一个部分或某一个问题来考虑，应当为组织适当管理层提供相应的服务。

（2）职业敏感和洞察力。面对特定的审计材料，为什么有的审计人员能迅速找到切入点或从蛛丝马迹中发现问题？其中一个很重要的原因就在于个人对问题观察的敏锐程度，这种敏锐需要长时间的知识和实践积累。敏锐的洞察力可以帮助审计人员找到解决问题的着眼点。

（3）分析和综合判断能力。分析和综合判断能力不仅仅是简单的分析判断，需要从微观层面进行甄别，更需要从问题的宏观层面进行剖析，分析问题的产生和发展脉络，对被审计单位的现状进行深入的研究，才能够把握审计所涉及的方方面面。

（4）口头与书面表达能力。审计是与人打交道的工作，要做到良好的交流与沟通，充分地运用审计询问等工作方法，发现被审计单位存在的问题并提出相应的意见和建议，就必须具有良好的口头表达能力。审计计划、审计工作底稿是安排和记录审计工作的书面文件，是审计人员必须掌握的基本文书。审计调查报告、审计报告和审计信息是审计成果的载体，集中反映了审计工作的整体水平和审计人员的业务水平。

5.综合素质

内部审计是一项综合性很强的工作，因此需要内部审计人员具备相应的综合素质。这些素质主要包括沟通能力、协调能力、应变能力等。

(1)沟通能力。内部审计人员要与不同的审计对象打交道，因此内部审计人员应该具备建立良好人际关系的意识和能力，要与他人建立协调、融洽的人际关系。内部审计人员的工作贯穿于整个组织，需要与组织内部的各个部门打交道，测试和评价他们的工作，并将审计中发现的问题和改进建议向适当管理层报告。沟通的目的是保证审计结果的客观、公正，并取得被审计单位、组织适当管理层的理解。内部审计机构、被审计单位、组织适当管理层进行结果沟通，可以与对方交流看法，听取对方的意见，从不同角度去检验审计结论和建议，对可能存在的错误或不当之处进行修正，以保证审计结果的客观、公正。同时，在与被审计单位、组织适当管理层的交流中，争取对方的理解和支持，以确保审计结论和建议的落实与贯彻。

(2)协调能力。审计工作需要协调处理好审计与被审计对象、与各有关部门及组织适当管理层的关系。这些关系协调处理的好坏，将直接影响到审计组织的形象与威信，影响审计工作的开展与效果。审计人员要充分发挥自己的主观能动性，把各方面的力量吸引到关心、支持审计工作上来，努力形成领导重视、各方面协同的良好的审计氛围。

(3)应变能力。在审计工作中经常会遇到一些突发事件，审计人员在遇到突发事件时应当保持沉着冷静的心态，并应及时采取有效的控制措施。

## 第四节　内部审计机构的职责和权限

内部审计机构的职责和权限是其独立客观地开展监督和评价活动的基本保证，设立内部审计机构的组织应当依据有关法律法规的规定，结合本单位的实际情况，制定内部审计工作规章制度，对内部审计机构及其工作人员的职责和权限做出明确规定。

### 一、内部审计机构职责

《审计署关于内部审计工作的规定》(中华人民共和国审计署令第11号)明确了内部审计机构的十二项主要职责：一是对本单位及所属单位贯彻落实国家重大政策措施情况进行审计；二是对本单位及所属单位发展规划、战略决策、重大措施以及年度业务计划执行情况进行审计；三是对本单位及所属单位财政财务收支进行审计；四是对本单位及所属单位固定资产投资项目进行审计；五是对本单位及所属单位的自然资源资产管理和生态环境保护责任的履行情况进行审计；六是对本单位及所属单位的境外机构、境外资产和境外经济活动进行审计；七是对本单位及所属单位经济管理和效益情况进行审计；八是对本单位及所属单位内部控制及风险管理情况进行审计；九是对本单位内部管理的领导人员履行经济责任情况进行审计；十是协助本单位主要负责人督促落实审计发现问题的整改工作；十一是对本单位所属单位的内部审计工作进行指导、监督和管理；十二是国家有关规定和本单位要求办理的其他事项。

## 二、内部审计机构的权限

对内部审计机构的权限设定是否合理，直接关系到内部审计活动能否顺利开展和内部审计职能能否充分发挥。由于内部审计机构所在单位情况各异，加之其权限的行使有赖于所在单位领导或权力机构的认可和支持，因此《审计署关于内部审计工作的规定》只列出了内部审计机构履行职责所必需的十一项基本权限。有关单位主要负责人或权力机构应当制定相应规定，以确保内部审计机构权力的实施。

(1)要求被审计单位按时报送发展规划、战略决策、重大措施、内部控制、风险管理、财政财务收支等有关资料(含相关电子数据，下同)，以及必要的计算机技术文档。即要求报送资料权，这是内部审计机构最基本的权力，是进行内部审计监督的前提条件。

(2)参加单位有关会议，召开与审计事项有关的会议。即参与决策权，内部审计机构享有参与决定本单位经营管理以及与审计工作相关事项的权力。

(3)参与研究制定有关的规章制度，提出制定内部审计规章制度的建议。这是参与决策权的另一种体现。内部审计机构享有参与决定本单位经营管理以及与审计工作相关事项的权力，还包括有权参与研究制定有关规章制度，提出内部审计规章制度。

(4)检查有关财政财务收支、经济活动、内部控制、风险管理的资料、文件和现场勘察实物。即内部审计的检查权，内部审计机构享有检查被审计单位与财政收支、财务收支和经济活动有关的资料及资产的权力。

(5)检查有关计算机系统及其电子数据和资料。检查权是内部审计机构享有的非常重要的权力，是诸项审计权限的核心。

(6)就审计事项中的有关问题，向有关单位和个人开展调查和询问，取得相关证明材料。即调查取证权，内部审计机构享有对与审计事项有关的问题向有关单位和个人进行调查，并取得证明材料的权力。调查的对象既包括被审计单位及其有关人员，也包括与审计事项有关的其他单位及其有关人员。

(7)对正在进行的严重违法违规、严重损失浪费行为及时向单位主要负责人报告，经同意做出临时制止决定。即采取强制措施权，内部审计机构享有在特定情况下对被审计单位采取临时性强制手段的权力，主要有制止权和采取证据保全措施。制止权是指内部审计机构对正在进行的严重违法违规、严重损失浪费行为，有权做出临时制止决定的权力。

(8)对可能转移、隐匿、篡改、毁弃会计凭证、会计账簿、会计报表以及与经济活动有关的资料，经批准，有权予以暂时封存。即证据保全措施，是指内部审计机构对被审计单位可能转移、隐藏、篡改、毁弃会计凭证、会计账簿、会计报表、电子数据以及其他与财政收支、财务收支有关的资料的，经本单位主要负责人或者权力机构批准，有权予以暂时封存。

(9)提出纠正、处理违法违规行为的意见和改进管理、提高绩效的建议。即建议权，内部审计机构有权就审计中发现的问题，向被审计单位以及有关部门反映并建议采取相应措施。

(10)对违法违规和造成损失浪费的被审计单位和人员，给予通报批评或者提出追究责任的建议。即通报批评权，内部审计机构具有对违法违规和造成损失浪费的单位和人员给予通报批评的权力。

(11)对严格遵守财经法规、经济效益显著、贡献突出的被审计单位和个人,可以向单位党组织、董事会(或者主要负责人)提出表彰建议。内部审计机构建议的事项既包括被审计单位的违法违规或需要改进的行为,也包括需要肯定并予表扬、奖励的事项。

单位党组织、董事会(或者主要负责人)应当定期听取内部审计工作汇报,加强对内部审计工作规划、年度审计计划、审计质量控制、问题整改和队伍建设等重要事项的管理。

下属单位、分支机构较多或者实行系统垂直管理的单位,其内部审计机构应当对全系统的内部审计工作进行指导和监督。系统内各单位的内部审计结果和发现的重大违纪违法问题线索,在向本单位党组织、董事会(或者主要负责人)报告的同时,应当及时向上一级单位的内部审计机构报告。

单位应当将内部审计工作计划、工作总结、审计报告、整改情况以及审计中发现的重大违纪违法问题线索等资料报送同级审计机关备案。

## 第五节　内部审计程序

### 一、内部审计程序的含义

内部审计程序通常是指内部审计人员实施审计时所应遵循的方法与步骤。《审计署关于内部审计工作的规定》(中华人民共和国审计署令第 11 号)第十六条规定:“内部审计的实施程序,应当依照内部审计职业规范和本单位的相关规定执行。”结合所在单位的实际,编制切实可行的审计工作流程和程序,只有这样,才能充分利用有限的审计资源,提高审计工作效率。

### 二、内部审计的一般程序

审计程序包括《内部审计基本准则》(中内协 2013 第一号公告)对内部审计程序做出的作业准则。总体上,内部审计程序包括准备、实施、报告和后续审计等四个阶段,每个阶段都包括若干个工作步骤或工作内容。准备阶段工作主要包括编制项目审计计划和审计方案、制发审计通知书等;实施阶段工作主要包括了解内部控制、实施控制测试和实质性测试、获取审计证据和编制审计工作底稿等;报告阶段工作主要包括编制汇总审计工作底稿、进行审计工作小结、与被审计单位沟通、起草审计报告并征求意见和审计报告分发等;后续审计是内部审计师在审计报告正式提交后,对被审计单位是否及时、有效地采取改进措施、解决存在的问题所做的审查,其程序主要包括确定后续审计方案、实施后续审计和提交后续审计报告等。

# 第二章　前期工作准备

规范内部审计具体业务的操作流程是完善单位内部审计工作、确保审计人员顺利完成工作任务的重要保证，根据《审计署关于内部审计工作的规定》（中华人民共和国审计署令第11号）及《内部审计基本准则》（中内协2013第一号公告）的相关规定，内部审计业务的具体操作流程规范如下。

## 第一节　内部审计立项与授权

### 一、内部审计立项

内部审计立项是指确定具体的内部审计项目，即被审计的对象。审计对象包括组织机构下属的基层机构以及组织机构内部的各职能部门、各项经济活动或项目、系统、个人等。

审计对象的选择一般由以下三种方式决定：

（1）内部审计机构通过对单位的经济活动进行分析来制订年度内部审计工作计划，经批准后逐项实施。

（2）由单位负责人或领导机构下达的计划外专项审计任务。

（3）由被审计者提出审计要求，经批准实施内部审计业务。

### 二、审计批准与授权

对于已立项的审计项目，审计部门应在审计实施前以正式报告形式报组织主管领导审核、批准与授权。

## 第二节　审计准备

在确定审计事项后，审计人员开始审计准备工作，制订审计计划。审计准备工作主要包括五个方面。

### 一、初步确定具体审计目标和审计范围

**（一）审计目标**

内部审计的总目标是审查和评价单位各项经营管理活动，协助单位内部的所属机构有效地履行他们的职责。针对已确定的具体审计任务，审计人员应制定具体的审计目标，以有助于拟订审计方案和审计工作结束后的审计评价。

**（二）审计范围**

内部审计的范围一般包括以下几个方面：

（1）组织内部控制系统的恰当性、有效性。

(2)财务会计信息和资料的准确性、完整性、可靠性。

(3)经营活动的效率和效果。

(4)资产的护卫情况。

(5)对法律、法规及政策、预算、计划的遵守、执行情况。

审计人员应根据具体的审计任务确定具体的审计范围,以确保审计目标的实现。

## 二、研究背景资料

在制订审计计划时,应收集、研究审计对象的背景资料。

当审计对象为所属单位、职能部门时,背景资料主要包括其组织结构、经营管理情况、管理人员相关资料、定期的财务报告、有关的政策法规和预算资料等。

当审计对象为某一项目、系统时,背景资料主要是指其立项、预算资料、合同及相关责任人资料等。

如果在以前年度实施过内部审计,则应调阅以前的审计文件,关注以前审计中发现的问题及审计对象对审计意见的整改情况等。

## 三、成立审计小组和确定审计时间

不同的审计项目要求审计人员具备不同的知识和技能,根据实际业务的需要,审计部门应安排适当的审计人员,指定审计项目负责人,并对审计工作进行具体的安排。

成立审计小组的同时,应初步确定审计时间,包括审计开始的时间、外勤工作时间、审计结束及审计报告的提出时间等。

## 四、编制审计计划

审计计划是指内部审计机构和人员为完成审计业务,达到预期的审计目的,对审计工作任务或者具体审计项目做出的安排。

审计计划一般包括年度审计计划、项目审计计划和审计方案。年度审计计划、项目审计计划和审计方案三个层次之间是由大到小、由总括到具体的关系。但并非在每一项内部审计工作中都必须具备这三个层次的审计计划。内部审计机构可以根据组织的性质、规模、审计业务的复杂程度等因素决定审计计划层次的繁简。因此,当组织规模较小、业务比较简单、面临风险较低时,可以不需要完整的三个层次的审计计划,内部审计人员应当视组织的实际情况决定计划层次的繁简。

目前黄河水文系统内部审计计划层次基本为年度审计计划和项目审计工作方案两个层次。

### (一)年度审计计划

1. 年度审计计划的含义

《内部审计具体准则第 2101 号——审计计划》(以下简称《计划准则》第四条规定,年度审计计划是对年度的审计任务所做的工作安排,是组织年度工作计划的重要组成部分。内部审计机构应当在本年度编制下年度审计计划,并报单位主管领导批准,报上级审计单位审阅,以指导内部审计机构下年度的工作。

2. 年度审计计划编制程序

年度审计计划一般编制程序如下：

第一，自上而下逐级下达审计工作要求；

第二，自下而上逐级编报审计工作计划草案；

第三，自下而上逐级核定下达审计工作计划。

黄委水文系统每年年初根据水文中心工作安排，以及年度审计工作要点安排编制年底审计工作计划，并上报黄委审计局审阅。

3. 编制年度审计计划应注意的问题

在制订年度审计计划前，审计人员应了解以下情况：

(1)组织的发展目标以及年度工作重点；

(2)严重影响相关经营活动的法规、政策、计划和合同；

(3)相关内部控制的质量情况；

(4)相关经营活动的复杂性及其近期变化情况；

(5)相关人员的能力、品质及岗位的近期变化情况；

(6)其他与审计有关的重要情况。

4. 年度审计计划的内容

一个完整的年度审计计划一般须有计划年度审计工作的指导思想、方针、重点、主要任务和编制依据，以及实现计划任务的主要措施。

年度审计计划应当包括以下基本内容：

(1)内部审计年度工作目标；

(2)需要执行的具体审计项目及其先后顺序；

(3)各审计项目所分配的审计资源；

(4)后续审计的安排。

**(二)项目审计计划**

1. 项目审计计划的含义

项目审计计划是对具体审计项目实施的全过程所做的综合安排。年度审计计划中确定了具体审计项目，而项目审计计划则是对这些具体审计项目从制发审计通知书到提交审计报告全过程基本工作的综合规划。项目审计计划必须在审计工作开始前得到内部审计机构负责人的书面批准，审计项目应严格按照项目审计计划展开。

2. 项目审计计划的制订

项目审计计划由审计项目负责人负责制订，并应在审计实施前编制完成。

1)进行审前调查

审前调查是编制好项目审计计划的重要前提，因此审计项目负责人应当指派内部审计人员对被审计单位进行调查了解。

调查了解的主要因素如下：

(1)经营活动概况，即了解被审计单位的经营活动目标、性质、复杂程度，以及经营活动开展的效果、效率等基本情况。

(2)内部控制的设计及运行情况，即了解被审计单位内部控制的设计是否健全、合理，运行是否有效。

(3)财务、会计资料,即获取被审计单位有关财务、会计资料,对被审计单位的财务状况及经营成果做出判断。

(4)重要的合同、协议及会议记录,即获取有关重要合同、协议及重要会议记录,了解被审计单位在当年或相关年度内重要的经营活动。

(5)信息系统,即被审计单位信息化建设,包括财务管理系统和经营管理系统的特点及使用情况。

(6)上次审计的结论、建议以及后续审计的执行情况,即关注该项目上次审计所做出的结论及建议,了解上次审计中发现的经营活动及内部控制存在的问题,了解是否执行后续审计及其执行情况。

(7)上次外部审计的审计意见,即获取与该项目相关的外部审计报告,了解外部审计意见的类型及其提出的相关建议,考察被审计单位是否还存在外部审计提出的问题。

(8)其他与项目审计计划有关的重要情况。

审前调查,一般要在送达审计通知书之前进行,必要时也可以在送达审计通知书之后进行。

2)编制项目审计计划的步骤

编制项目审计计划的过程通常可分为以下几个步骤:

(1)查阅被审计单位以往的审计档案。被审计单位多数情况下并不是第一次接受审计。虽然即将进行的审计与以往的审计工作的目的和范围可能不尽相同,但审计项目负责人却可以通过查阅档案获得被审计单位的背景资料,并为审计工作开始的初步调查做好准备。

(2)与被审计单位的管理层进行沟通。内部审计人员应在审计工作开始前与被审计单位的管理层进行沟通。沟通可以采用非正式的形式,然后再以备忘录加以确认;也可以召开会议,讨论审计项目的关键事项;还可以将事先设计好的调查表发放给被审计单位适当管理层、有关人员,要求被调查人对表中的问题进行回答。

(3)初步调查及调查总结。审计人员在审计项目开始前,可根据需要进行初步调查,以熟悉被审计单位的营运活动、内部控制系统及风险,确定审计重点并征求被审计单位的意见。

(4)初步评价重要性与审计风险。内部审计人员在整个审计过程中,都应充分考虑重要性与审计风险的问题。

(5)编制项目审计计划。在初步调查以及对重要性和审计风险的评估完成后,审计组负责人应根据取得的材料编制项目审计计划。

3.项目审计计划的内容

项目审计计划应包括以下内容:

(1)审计目的和审计范围;

(2)重要性和审计风险的评估;

(3)审计小组构成和审计时间的分配;

(4)对专家和外部审计工作结果的运用;

(5)其他有关内容。

在项目审计计划执行过程中,如有必要,项目审计负责人应按规定的程序进行修改和补充。

### （三）具体项目审计方案

1. 项目审计方案的含义

项目审计方案是对实施具体审计项目所需要的审计内容、审计程序、人员分工、审计时间等做出的详细安排，是依据项目审计计划制订的，是对项目审计计划的细化。

2. 项目审计方案的基本内容

1）具体审计目标

具体审计目标是对总体审计目标的细化，直接用以指导具体审计方法及程序。

通过对被审计对象的初步了解，结合管理层的要求，汇总以前年度的审计发现与改正措施，审计人员可以确定哪些是被审计单位的重要风险，哪些是次要风险；按照风险的高低程度进行排列，最后就可以确定被审对象的主要风险，即具体审计目标。

2）具体审计方法和程序

审计程序是内部审计人员为实现审计目标而采取的一系列方法与步骤的综合。即通过一系列询问、观察、检查、测试等步骤，以证明审计目标的实现程度。

确定审计程序时审计人员需要注意以下三个问题：

（1）程序要具体、明确，不能模棱两可，与审计目标无关或关系不大的审计程序应全部删除。

（2）程序要简单，能准确描述审计操作过程、具体数量与步骤即可，不能重复。

（3）程序要可执行，有些方法可能在理论上是可行的，但在实际中却难以操作，或是执行难度较大，这种程序就不适合内部审计人员执行。

3）执行人员及执行日期

（1）审计人员配备。

制订审计方案的两个重要内容就是合理配备审计项目小组的主要成员。

项目负责人需要根据审计项目的性质、特点及复杂程度，结合审计人员的学识、专业、能力及经验等，合理配备相应的内部审计人员。

（2）审计时间预算。

时间预算也就是落实审计方案中的具体时间步骤。一般情况下，审计人员在审计准备过程中所花费的时间与其进行现场审计、编制审计报告所需要的时间具有一定的相关性。对于同一个审计项目来说，前期准备时间越充分，现场审计所需要的时间可能就越短。

一个审计项目越复杂，所需要执行的审计程序就越多，则所需要的时间预算就越长。内部审计部门在长期的审计工作经验的基础上已经形成了较为固定的审计程序和一些标准化的审计方案，这既有利于现场审计的进行，也使审计人员能较为准确地控制审计进程，从而为项目负责人分配合理的审计时间提供基础。

3. 审计方案制订

审计项目负责人负责审计方案的制订工作。审计方案编制完成后，应报内部审计机构负责人批准。

目前，一些组织规模较大的内部审计机构在总结长期审计工作经验的基础上，对一些常规性的审计项目都设计了标准化的审计方案，以供现场审计工作使用。这既有利于减少在被审计单位所在地的审计时间，降低审计费用，又有助于帮助审计新手学习、掌握审计方案的编制技术和方法，指导其有效地进行审计。

在实际运用中，内部审计人员应该根据现场审计所掌握的情况对审计方案进行必要的修订和补充，并报内部审计机构负责人批准，以适应变化了的审计环境。

由被审计单位的业务复杂程度及审计工作的复杂程度决定项目审计计划和审计方案内容的繁简程度。项目审计计划与审计方案并非一成不变，在实际工作中，内部审计项目负责人必须根据被审计单位的实际情况灵活确定项目审计计划和审计方案的繁简程度。

4. 审计方案示例

由于水文系统某水文系统基层单位领导干部任中经济责任审计工作已开展多年，工作方案采用标准格式。

【例 2-1】

## 黄河水利委员会经济责任审计工作方案

<table>
<tr><td colspan="2">被审计单位</td><td colspan="4">××水文水资源局</td></tr>
<tr><td colspan="2">被审计领导干部</td><td>×××</td><td>审计依据</td><td colspan="2">黄党〔2016〕46 号<br>黄水党便〔2018〕×号</td></tr>
<tr><td>被审计单位<br>基本情况</td><td colspan="5">××局是黄委水文局所属二级机构，是独立核算的事业单位。××局机构设置：职能部门 8 个；局直单位 6 个；局属单位 5 个；企业 1 个。××局主要负责黄河××至××区间干流和支流站的水文测报、洪水预报、水文分析计算、水资源调查评价、水质监测、水文调查、泥沙分析等任务。</td></tr>
<tr><td>审计范围<br>内容重点</td><td colspan="5">审计范围和内容：被审计人任职期间（2015 年 1 月至 2017 年 12 月）所在单位的财务收支、基建投资、预算执行、经营创收、内部控制、目标考核完成情况、重大经济决策制定执行情况、廉政建设情况，以及被审计人对有关的经济活动所负的经济责任；其它需要审计的问题。</td></tr>
<tr><td>延伸审计<br>单位或事项</td><td colspan="5">根据审计进展情况确定</td></tr>
<tr><td>审计方式</td><td colspan="5">现场审计　　　　（审计的基本程序和方法详见附页一）</td></tr>
<tr><td rowspan="4">时间<br>安排</td><td>准备阶段</td><td colspan="4">2018.7.1 至 2018.7.9</td></tr>
<tr><td>进点日期</td><td colspan="4">2018.7.10</td></tr>
<tr><td>实施阶段</td><td colspan="4">2018.7.10 至 2018.7.30</td></tr>
<tr><td>报告阶段</td><td colspan="4">2018.8.10 以后</td></tr>
<tr><td>审计组成<br>员与分工</td><td colspan="5">组　长：×××　　副组长：×××<br>主　审：×××<br>成　员：×××　×××（人员具体分工详见附页二）</td></tr>
<tr><td colspan="2">审计部门负责人<br>审批意见</td><td colspan="2"></td><td>审批人签名</td><td></td></tr>
</table>

编制人：　　　　　　　　　　　　　　　　　　　　编制日期：

附页一

## 审计的基本程序和方法

1. 审前调查，制订审计工作方案，确定审计的范围、内容，审计组人员组成和分工。

2. 进行审前预告，送达审计通知书到被审计人所在单位，并抄送被审计人。被审计人所在单位和被审计人按照《黄河水利委员会领导干部经济责任审计办法》(黄党〔2016〕46号)第十三条、第十四条规定的内容和审计通知书的要求做好迎审准备并提供审计工作所需要的资料以及经济责任审计承诺书。

3. 适时召开审计进点会及被审计人所在单位干部职工代表座谈会，向被审计人所在单位及被审计人介绍实施审计的有关安排和要求，听取被审计人述职述廉，并广泛听取干部职工对被审计人述职报告和履行经济责任的意见。

4. 审核任职期内被审计人所在单位的会计凭证、账簿、报表、经济合同、规划计划、目标考核下达及完成情况、内部控制制度、廉政建设、重大经济决策制定及执行情况等资料，做好审计记录，撰写审计底稿，搜集有关资料。

5. 整理、汇总审计工作底稿及有关资料，起草经济责任审计报告。

6. 向被审计人所在单位、被审计人征求对经济责任审计报告的意见。如存有异议，审计组应认真进行研究、核实，必要时修改审计报告。

7. 适时召开联席会议，讨论经济责任审计报告。根据联席会议讨论情况，修改完善经济责任审计报告。

8. 审计处出具经济责任审计结果报告，对被审计人的经济责任履行情况进行客观公正的评价。

9. 经济责任审计结果报告连同被审计人所在单位、被审计人意见呈报局领导审阅。同时抄送局人劳处、监察处。

10. 下达经济责任审计意见书或者审计决定，交被审计人和被审计人所在单位执行。被审计人和被审计人所在单位要在规定的时间内，向审计处反馈执行情况。

附页二

## 人员分工

审计组组长：×××

为该审计项目负责人，负责审计组全面工作。负责审计底稿的审定和审计报告、审计结果报告的审核。

副组长：×××

协助审计组组长做好审计组有关工作，负责审计底稿、审计报告、审计结果报告的审核。组长不在时，履行组长职责。

主审：×××

编制审计方案，下达审计预告及审计通知书。现场审计期间负责全面调查收集审计报告所需要的各项资料、数据、文件等；负责对部门预算执行情况、经济目标任务完成情况、内部控制制度制定及执行情况，以及其他需要审计的问题进行审计；整理汇总审计底稿；撰写审计报告、审计结果报告及审计意见或审计决定。

审计组成员：××× ×××

负责对预算执行情况、经济目标任务完成情况、内部控制制度制定及执行情况，以及其他需要审计的问题进行审计。

## 五、发出审计通知书

《内部审计具体准则第 2102 号——审计通知书》第二条指出，审计通知书是指内部审计机构在实施审计之前，告知被审计单位或者人员接受审计的书面文件。在实施审计项目之前，内部审计机构应向被审计单位发送审计通知书，正式通知被审计单位做好准备，提供有关文件、会计凭证、账册和报表等资料，并为审计组织提供必要的工作条件。

### （一）审计通知书的作用及要素

1. 内部审计通知书的作用

（1）内部审计通知书既是内部审计部门对被审计单位的一种正式的书面告知，也是内部审计执业的一种基本礼节。

（2）送达内部审计通知书有利于消除被审计单位的误解。送达审计通知书，即告知被审计单位，审计活动是按照年度审计计划开展的，其目的是通过审计工作发现被审计单位管理方面可能存在的问题，并为被审计单位提供一些可行的建议。

（3）如果审计没有发现问题，则可将被审计单位成功的管理经验向上级领导汇报，并向其他单位或部门推广。

（4）送达审计通知书有利于增强审计人员与被审计单位的配合。通过预先告知，审计人员可以让被审计单位为审计工作做好准备，提供与审计相关的文件资料和必要的工作安排，并提前通知受审计影响最大的那一部分职工。被审计单位也可以通过审计通知书，要求审计部门在实施审计程序时尽量不影响被审计单位正常经营业务的开展，必要时也可以请求审计部门推迟本次审计工作的时间。

2. 审计通知书的要素

（1）标题。一般包括被审计单位名称、审计事项的范围及主要内容。

（2）主送单位。即接收审计单位名称。

（3）正文。

（4）附件。包括被审计单位（被审计人）承诺书（声明书）、被审计单位提供资料清单以及需要被审计单位填报的有关表格等。

被审计单位承诺书一般随通知书送给被审计单位管理层，由被审计单位在审计实施过程中履行承诺内容，并在审计结束前把经过法定代表人和财务负责人签名的承诺书交给内部审计师。内部审计师应将被审计单位承诺书作为审计证据归入相关审计工作底稿。

（5）签章。包括内部审计机构和内部审计机构负责人的签章。

（6）签发日期。即内部审计机构负责人签发的日期。

### （二）审计通知书的编制及下发要求

根据《内部审计具体准则第 2102 号——审计通知书》的要求，内部审计机构应当根据经过批准后的年度审计计划和其他授权或者委托文件编制审计通知书；内部审计机构应当在实施审计 3 日前，向被审计单位或者被审计人员送达审计通知书。特殊审计业务的审计通知书可以在实施审计时送达。审计通知书送达被审计单位，必要时可以抄送组织内部相关部门。涉及组织内个人责任的审计项目，应抄送被审计者本人。

1. 审计通知书的内容

根据《内部审计具体准则第 2102 号——审计通知书》，审计通知书主要包括以下内容：

(1)审计项目名称；

(2)被审计单位名称或者被审计人员姓名；

(3)审计范围和审计内容；

(4)审计时间；

(5)需要被审计单位提供的资料及其他必要的协助要求；

(6)审计组组长及审计组成员名单；

(7)内部审计机构的印章和签发日期。

如要求被审计单位提前进行自查，应在审计通知书中写明自查的内容、要求和事件，并适当提前发出审计通知书。

2. 具体编写要求

(1)审计依据。如国家有关规定、组织内部有关规定、有关机构委托、组织高级管理层指令和年度审计计划等。

(2)审计目的和范围。审计目的是指本项目的总体审计目的。如财务报表审计的目的是审查和评价被审计单位财务报表的编制是否真实、合法，是否公允反映了被审计单位的财务状况和经营成果；内部控制审计的目的是审查和评价被审计单位内部控制的适当性、合法性及有效性等。审计范围包括审计对象的范围和审计活动的范围。

(3)审计时间。审计时间是指内部审计人员现场审计的起止日期。

(4)被审计单位应提供的具体资料和其他必要的协助。要求被审计单位提供的具体资料，内部审计人员一般通过编制被审计单位资料提供清单的方式，通知被审计单位准备。其他必要的协助一般指内部审计人员在实施现场审计过程中需要被审计单位提供的工作条件、生活条件等。

(5)审计组组长及其成员名单。

以上为审计工作的准备阶段，完成准备工作后，审计工作即进入外勤工作阶段。

**(三)审计通知书示例**

为了便于参考，现将黄委水文系统现用领导干部经济责任审计《审计通知书》固定格式示例如下。

**【例 2-2】**

# 审计通知书

黄水审通〔2018〕×号

××水文水资源局：

根据水文局党组《关于对×××同志进行任中经济责任审计的通知》(黄水党便〔2018〕×号)，我处拟派出审计组，自 2018 年×月×日至 2018 年×月×日起对你单位×××同志进行任中经济责任审计。审计依据《黄河水利委员会领导干部经济责任审计办法》(黄党〔2016〕46 号)的有关规定进行。审计时限为 2015 年 1 月至 2017 年 12 月。请你单位及××× 同志按照有关要求,做好审前准备并提供必要的工作条件。

审计组组长:×××

成员:××× ××× ×××

(签章)

2018 年××月××日

抄送:×××同志

附件:1. 被审计单位提供资料清单

2. 被审计单位承诺书

3. 被审计人承诺书

4. 审计文书送达回证

附件 1

## 被审计单位(事业单位)应准备和提供的资料

1. 被审计单位基本情况,包括单位性质、单位职能、组织机构、人员编制、现有职工人数及人员构成等;
2. 被审计人述职报告;
3. 被审计单位领导班子分工文件;
4. 被审计单位管理制度,包括综合管理、人事管理、财务管理、项目管理、廉政建设等;
5. 审计期内目标任务完成情况;
6. 审计期内会计凭证、账簿、报表、银行对账单、合同等;
7. 单位在金融机构开设的账户情况(包括存折、存单)等;
8. 财务电子数据和业务电子数据及其信息管理技术文档;
9. 审计期内计划批复、预算、决算文件等;
10. 审计期内被审计单位及被审计人个人获奖情况;
11. 审计期内外部审计报告、其他审计机构提出问题及整改落实情况;
12. 对外投资及投资收益情况;
13. 重大经济决策制定及执行情况;
14. 审计组需要的其他资料。

## 被审计单位(企业单位)提供资料清单

1. 营业执照(副本)(复印件);
2. 税务登记证(副本)(复印件);
3. 组织机构代码证(副本)(复印件);
4. 公司章程及财务制度(复印件);
5. 贷款证(原件,现场核对);
6. 外部审计报告(复印件);

7. 资产负债表、利润表、现金流量表、权益变动情况表及报表附注；

8. 总账、明细账、凭证(原件,现场审核)；

9. 银行对账单、余额调节表(复印件)；

10. 存货盘点计划及盘点表(复印件)；

11. 固定资产盘点计划及盘点表(复印件)；

12. 短期投资中各种债券、股票等(原件、现场审核并复印)；

13. 长期投资中各种债券、股票等(原件、现场审核并复印)；

14. 长期投资中若有联营投资,则被投资单位的营业执照、章程、验资报告、出资证明、审计报告、有关分红的董事会决议等资料(复印件)；

15. 重要房产的产权证明(复印件)；

16. 国有土地使用权证(复印件)；

17. 商标或专利许可证(复印件)；

18. 所有长短期借贷合同、抵押或担保合同(复印件)；

19. 所有销售合同(复印件)；

20. 车辆行驶证、本年度新增固定资产的购置发票(复印件)；

21. 关于企业进行清算的、分红、对外投资、转让股份等重大事件的董事会决议及相关部门的批准文件；

22. 财务电子数据和业务电子数据及其信息管理技术文档；

23. 其他现场临时需要的资料。

附件2

## 黄河水利委员会
## 被审计人所在单位审计承诺书

审计组：

一、本单位按照《黄河水利委员会领导干部经济责任审计办法》(黄党〔2016〕46号)的规定,提供了×××同志任期内个人廉政情况、历年与财务收支和经济活动相关的全部资料,保证无遗漏,并对其真实性、合法性负责。

二、本单位保证所有财务收支和财务往来均已全部纳入单位财务账户核算。

三、本单位在金融机构开设的账户(包括存折、存单)等已全部提供,保证无遗漏。保证不存在“账外账”和“小金库”。

四、本单位对因所提供的资料不真实、不完整而造成的审计结果失实负责,并承担责任。

五、对审计组在审计过程中要求提供的有关调查、核实材料,本单位将按规定时间签署完毕,送交审计组。

被审计单位(签章)：
单位负责人：
财务负责人：

年　月　日

附件 3

**黄河水利委员会**
**被审计领导干部审计承诺书**

审计组：

根据黄水审通〔2018〕××号审计通知书，在审计组对本人的任中经济责任审计中，本人严格按照《黄河水利委员会领导干部经济责任审计办法》的规定，认真履行被审计人的义务，真实、完整、及时地向审计组提交审计工作所需要的资料。对因资料不真实、不完整而造成的审计结果失实负责并承担相应责任。

被审计领导干部签字（印章）：

年　月　日

附件 4

**审计文书送达回证**

| 受送达人 | | | | |
|---|---|---|---|---|
| 送达地点 | | | | |
| 发送单位 | | | | |
| 事由 | | | | |
| 文书标题及文号 | 页数 | 送件人 | 收件人 | 收件日期 |
| | | | | |
| | | | | |
| | | | | |
| | | | | |
| 备注 | | | | |

# 第三节　初步调查

## 一、审计座谈会

审计开始前，审计人员应与被审计单位负责人、财务负责人及其他相关人员召开审计座谈会。了解基本情况、说明审计的目标和范围以及审计中需要提供的各种资料和需要协助的范围等。

## 二、实地考察

审计人员应实地观察被审计单位的经营地点、设备、职员及业务情况，对被审计单位的业务活动获得感性认识。

## 三、研究文件资料

对被审计单位提供的及实地考察过程中得到的文件资料进行整理归档，并进行查阅、研究。

## 四、编写初步调查说明书

初步调查完成后，审计人员应编写简要的初步调查说明书，概括被审计单位的基本情况及初步调查的实施情况。

# 第三章 审计证据

审计证据是内部审计人员在从事审计活动中,通过实施审计程序所获取的,用以证实审计事项,做出审计结论和建议的依据。也就是说,内部审计人员在审计报告中所做出的结论和提出的建议必须有充分可靠的证据支持。获取足够证明力的审计证据是审计工作的核心。

## 第一节 审计证据的种类和特征

不同的审计目标需要获取不同类型的审计证据,不同的取证方法可以得到不同类型的审计证据,而不同类型的审计证据其证明力也是不相同的。因此,熟悉审计证据的种类和特征,有助于内部审计人员针对不同审计目标选择最为适当的取证方法,从而取得充分、可靠、相关的审计证据。

### 一、审计证据的种类

审计证据的种类依据不同的分类标准而有不同的称谓,如直接证据和间接证据、内部证据和外部证据、口头证据和书面证据等。《内部审计具体准则第 2103 号——审计证据》(以下简称《证据准则》)依据证据的形态,将审计证据分为书面证据、实物证据、视听电子证据、电子证据、口头证据和环境证据。

**(一)书面证据**

书面证据是指以各种书面文件为形态的一类证据,它包括与审计事项有关的各种原始凭证、记账凭证、账簿、报表及其他核算资料,以及各种记录、文件、合同、章程、报告、函件等。书面证据是审计证据的主要组成部分,其数量多、来源广,是最为基本的审计证据。

书面证据按其来源又可进一步分为外部证据和内部证据两类。

1. 外部证据

外部证据是来源于被审计单位外部的证据,包括由被审计单位以外的单位或人员编制,并由其直接提供给内部审计人员的书面证据,以及由被审计单位以外的单位或人员编制但为被审计单位持有并提供给内部审计人员的书面证据。前者如各种询证函等,因这类证据完全独立于被审计单位的外界组织或人员提供,而且未经被审计单位之手,从而排除了伪造、更改凭证和业务记录的可能性,因而其证明力最强;后者如银行对账单、购货发票等,由于此类凭证已经经过被审计单位,在评价其可靠性时,内部审计人员应考虑被涂改或伪造难易程度及其已被涂改的可能性此外,内部审计人员为证明某被审计事项依据以上两类证据而自己动手编制的各种计算表、分析表等,也属于外部证据。

2. 内部证据

内部证据是来源于被审计单位内部的证据,包括被审计单位的会计记录、被审计单位管理层提供的承诺书,以及由被审计单位编制和提供的合同、销售订单等其他书面文件。

一般而言,相对于外部证据,内部证据的证明力较弱。但如果内部证据在外部流转,并得到其他单位或人员的认可(如销货发票等),则具有较强的可靠性。即使在被审计单位内部流转的书面证据,其可靠程度也因被审计单位内部控制的好坏而有所区别。如果内部证据经过了被审计单位不同部门的审核、签章,且所有凭证均预先编号并按序号依次处理,则这些内部证据也具有较强的可靠性;相反,如果被审计单位内部控制不太健全,内部审计人员则不能信赖这些内部证据。

这里特别应引起内部审计人员注意的是,被审计单位管理层提供的承诺不具有法律效力,属于可靠性较低的内部证据,不能以此来替代和减轻内审计人员的审计责任,也不可因此取代内部审计人员实施其他必要的审计程序,但它却可以提醒被审计单位管理层对其财务报表应负的会计责任,同时还对管理层如实提供会计等资料起到一定的威慑作用。

内部审计人员在获取书面证据时,尽可能收集能够证明审计事项的原始资料和有关文件等;不能或者不易取得原始资料、有关文件的,也可以采取文字记录、摘录、复印、拍照等方式取得审计证据。

**(二)实物证据**

实物证据是指以实物形态存在的并能证明审计事项的证据。它一般通过观察或监盘的方法取得,用于证明某些实物资产是否确实存在的证据。如库存现金的存在性可以通过监盘加以验证;各种存货和固定资产也可以通过监盘、抽盘的方法证明其是否确实存在。实物证据是证明实物资产是否存在的最有说服力的证据,但仅仅依靠这类证据并不能确认被审计单位对实物资产拥有所有权。例如,年终盘点的存货可能包括已销售而等待发运的商品,或其他单位寄放的物品等。此外,通过盘点,虽然可以确定实物资产的数量,但其质量的好坏很难通过盘点加以判断。因此,内部审计人员还应就其所有权归属及其价值情况另行取得证据。内部审计师在收集实物证据时,应当注明实物的所有权人、数量、存放地点、存放方式和实物证据提供者等情况。

**(三)视听电子证据**

视听电子证据是指以电子数据或影音形态存在并证明审计事项的证据。例如,与审计事项有关的当事人的谈话录音、经济业务发生时的现场录像、计算机存储或处理的财务会计资料及其他相关资料等,其证明力较强。随着信息技术的发展,这类证据将在审计过程中占有一定的地位。

内部审计人员在收集视听资料或者电子数据资料时,应当注明制作方法、制作时间、制作人和电子数据资料的运行环境、系统以及存放地点、存放方式等情况。必要时,可以将电子数据资料转换成纸质证明材料。

**(四)口头证据**

口头证据是指由内部审计人员询问被审计单位人员或其他有关人员而取得的口头答复形成的一类证据。一般而言,口头证据本身并不足以证明事情的真相,不能直接用来证明审计事项,但可以作为审计线索,为证明审计事项服务。

为提高口头证据的证明力,在审计实施过程中,内部审计人员应把各种重要的口头证据尽快地做成记录,并注明是何人、何时、何地、在何种情况下所做的口头陈述。对于事关重大的口头证据,尤其是涉及舞弊事项的,还应获得被询问人的签名确认。

**(五)环境证据**

环境证据是指对审计事项产生影响的各种环境事实,如被审计单位管理层的经营理念、组织文化等内部控制环境的内容。环境证据可以帮助内部审计人员了解被审计单位所处的环境概况,为审计判断提供依据。

## 二、审计证据的特征

审计证据是形成审计结论的基础。要做出客观公正的审计结论,提出有理有据、切实可行且有实际价值的审计建议,必须有充分证明力的审计证据支持。《证据准则》认为,作为有充分证明力的审计证据,必须具有相关性、可靠性和充分性三个特征。审计取证工作就是运用职业判断,依照这三个特征对有关信息进行评价和收集的过程。

**(一)相关性**

相关性即审计证据与审计事项及其具体审计目标之间具有实质性联系,是指内部审计人员所收集的审计证据必须与审计目标存在符合逻辑的关系,能够有针对性地为审计结论和建议提供相关的证明。相关的审计证据反映了现场审计工作的目标和方向,任何充分、可靠的审计证据必须与审计目标相关,否则就谈不上充分、可靠了。例如,审计目标确定为最近6个月内到期的应收账款是否按期收回,那么审计证据必须满足这一期限要求,否则就不具相关性;又如,通过存货监盘获取的审计证据只能用来证实存货是否存在、是否有毁损及短缺,而不能用来证实存货的所有权和计价情况,否则也不具相关性。

一般说来,内部审计人员在了解内部控制和实施控制测试程序获取审计证据时,应考虑的相关事项主要包括:内部控制是否存在;内部控制是否有效和内部控制在所属审计期间是否一贯得到遵循。内部审计人员在进行实质性测试程序获取审计证据时应考虑的相关事项主要包括:资产或负债在某一特定时日是否存在;资产或负债在某一特定时日是否归被审计单位所有;所发生的经济业务是否与被审计单位有关;有无未入账的资产、负债或其他交易事项;会计记录的金额是否准确;资产或负债的计价是否正确;收入与费用是否相互配比;财务报表项目的分类反映是否正确、前后期是否一致等。

**(二)可靠性**

可靠性即审计证据真实、可信,是指审计证据反映审计事项客观现实的程度。审计证据越能客观地反映审计事项,就越具有可靠性,其证明力就越强。可靠性是审计证据的灵魂,只有来源真实可靠的证据才具有说服力和证明力,否则获取的证明材料就不能作为审计证据,审计结论也就失去了基础。但是,通常对证据可靠性的判断较为简单,一般的判断原则是直接证据比间接证据可靠,经过证实的证据比未经证实的证据可靠,文件原本比副本可靠,从独立于被审计单位声誉较好的外部机构获取的比从被审单位内部获取的证据可靠,书面证据比口头证据可靠等。

**(三)充分性**

充分性即审计证据在数量上足以支持审计结论、意见和建议,是指内部审计人员收集的审计证据数量足以支持其做出审计结论。因此,它是内部审计人员形成审计意见所需最低数量要求。一般来说,数量越多,证据的充分性就强;反之则越弱。但是,出于证据的成本效益考虑,内部审计人员一般不可能追求审计证据数量的最大化。为此,需要内部审计人员在衡量审计证据的数量方面运用职业判断,做出恰当的选择。

在内部审计证据的三个特征中,特别应强调相关性特征,这是因为内部审计不仅涵盖财务审计,其范围更多地扩展到管理审计领域,特别是有关经济性、效率性、效果性等方面的审计,在管理审计中审计证据与审计目标的相关性是非常重要的,是据此做出适当的审计结论的关键。

内部审计人员在获取审计证据时,应当考虑下列基本因素:

(1)具体审计事项的重要性。内部审计人员应当从数量和性质两个方面判断审计事项的重要性,以做出获取审计证据的决策。

(2)可以接受的审计风险水平。证据的充分性与审计风险水平密切相关。可以接受的审计风险水平越低,所需证据的数量越多。

(3)成本与效益的合理程度。获取审计证据应当考虑成本与效益的对比,但对于重要审计事项,不应当将审计成本的高低作为减少必要审计程序的理由。

(4)适当的抽样方法。

## 第二节　审计取证方法

审计取证方法就是采取何种方法获取审计证据。不同的审计证据,其取证方法是不相同的,《证据准则》将常用的审计取证方法归纳为审核、观察、监盘、访谈、调查、函证、计算和分析性程序等 8 种(但不限于)。

### 一、审核

审核是指内部审计人员对被审计单位会计资料和其他书面文件可靠程度的审阅和复核,是取得书面证据的方法。审核可运用于原始凭证、记账凭证、账簿、报表及预算、合同、计划等书面材料。内部审计人员审核书面文件时,应注意其是否真实、完整、合法。

(1)原始凭证。内部审计员要根据法律、法规、政策和制度等审计依据,审核原始凭证所反映的内容是否合规,原始单据的抬头、时间、编号及凭证的处理手续是否齐备等。应注意其有无涂改或伪造现象,记载的经济业务是否合理合法,是否有业务负责人的签字等。

(2)记账凭证。主要审核其摘要、金额、账务处理是否正确,是否与原始凭证一致,记账凭证应有的手续是否齐全。

(3)会计账簿。主要审核包括日记账、明细账、备查簿等账薄中所反映的经济业务是否真实合法,是否与记账凭证一致。

(4)会计报表。主要审核其编制、格式和内容是否符合会计准则及国家其他财务会计法规的规定,相关的数据是否一致,会计报表说明是否对应予说明的重要事项进行了充分的披露。

(5)预算、计划、方案、合同及其他书面资料。主要审核其来源是否可靠,数据计算是否正确,业务内容是否合法等。

总之,内部审计人员在审核书面文件时,应注意书面文件是否存在涂改或伪造;书面文件记载的经济事项是否真实、合理,是否符合国家有关法律、法规的规定;书面文件与各种相关文件之间是否一致,包括日期、金额、数量等内容方面相互钩稽。

内部审计人员通过审核方法收集审计证据,应当取得与审计事项相关的会计资料,被审计单位承诺书、会议记录、文件、合同等资料，以及内部审计人员编制的汇总表、调节表、分析表等材料。

内部审计人员在审核书面文件过程中，对于不能或者不宜取得原始资料、有关文件的，可以采取文字记录、摘录、复印、拍照等方式取得审计证据。

对于复印、拍照取得的书面证据，一般要粘贴在预先设计好格式的审计书证粘贴单上，其格式如表 3-1 所示；对于采取摘录或记录等方式获取审计证据的，一般直接在预先设计好的审计记录（签证）单上记录，其格式如表 3-2 所示。

**表 3-1　审计书证粘贴单**

| | | |
|---|---|---|
| 提供单位名称 | 索引号 | 页次 |
| 审计项目名称 | 取证人 | 日期 |
| 会计期间或截止日 | 复核人 | 日期 |

| | |
|---|---|
| 书证粘贴处 | |
| 提供单位意见 | 提供人：　提供单位（盖章）：　提供日期： |

**表 3-2　审计记录（签证）单**

| | | |
|---|---|---|
| 提供单位名称 | 索引号 | 页次 |
| 审计项目名称 | 取证人 | 日期 |
| 会计期间或截止日 | 复核人 | 日期 |

| | | |
|---|---|---|
| 查阅资料 | 日期 | |
| | 名称 | |
| 内容（记录或摘要） | | |
| 提供单位意见 | 提供人：　提供单位（盖章）：　提供日期： | |

## 二、观察

观察是指内部审计人员对被审计单位的经营场所、实物资产和有关经营活动及内部控制的执行情况等所进行的实地察看，是取得实物证据的方法。内部审计人员可以利用各种感官来获取被审计单位经营环境、资产状况、业务运转情况及有关内部控制的执行情况等方面的证据，为形成独立、客观、公正的审计结论提供依据。

在实际工作中，观察可以单独使用，但主要是与审核、监盘、访谈等其他取证方法结合使用，内部审计人员通过观察方法获取审计证据的，应当编制观察记录，注明观察事项、内容和结果等情况。其观察记录单的格式如表3-3所示。

**表3-3　审计观察记录单**

| | | |
|---|---|---|
| 被审计单位名称 | 索引号 | 页次 |
| 观察事项名称 | 取证人 | 日期 |
| 会计期间或截止日 | 复核人 | 日期 |

| | |
|---|---|
| 观察日期 | |
| 观察场所 | |
| 观察人员 | |
| 观察过程<br>及其结果 | |
| 提供单位意见 | 提供人：　　提供单位(盖章)：　　提供日期： |

## 三、监盘

监盘即监督盘点，是指内部审计人员现场监督被审计单位各种实物资产及现金、有价证券等的盘点，并进行适当的抽查，是取得实物证据的方法。内部审计人员执行监盘程序，有助于确定被审计单位实物资产是否真实存在并且与相关记录相符，查明是否存在短缺、费损、贪污以及盗窃等问题。监盘可以获取实物证据，但是不能保证被审计单位对该实物资产拥有所有权，而且也不一定能证明资产的质量、价值和完整性，内部审计人员通过监盘方法收集审计证据的，应当编制实物资产盘点清单和现金、有价证券盘点表等材料，并由内部审计人员和被审计单位有关人员签名。存货抽盘表的基本格式如表3-4所示，其他资产盘点表可比照设计。

**表 3-4 存货抽盘表**

被审计单位名称　　索引号　　页次
执行人　　日期
会计期间或截止日　　复核人　　日期

| 序号 | 名称和规格 | 单位 | 存放地点 | 单价 | 盘点前账面记录 | | 尚未入账数 | | | | 企业盘点记录 | 抽盘结果 | | |
|---|---|---|---|---|---|---|---|---|---|---|---|---|---|---|
| | | | | | 数量 | 金额 | 入库 | | 发出 | | | 抽盘记录 | 数量 | 金额 |
| | | | | | | | 数量 | 金额 | 数量 | 金额 | | | | |
| | | | | | | | | | | | | | | |
| | | | | | | | | | | | | | | |
| | | | | | | | | | | | | | | |
| | | | | | | | | | | | | | | |
| 合计 | | | | | | | | | | | | | | |

## 四、访谈

访谈是指内部审计人员向被审计单位人员、其他与被审计单位有关的人员以及独立的专家了解情况的一种审计方法。内部审计人员需要运用一定的技巧保证访谈的适当性与客观性，特别要注意避免诱导被询问人提供预定立场的回答。

访谈往往是在审核、监盘、计算等审计方法不足以查清事实真相时才加以运用的方法。虽然通过询问可以获取相当多的证据，但这些证据不能作为一种结论来使用，因为这些证据的来源是不独立的，可能会带有被询问人的主观倾向。所以，当内部审计人员通过询问方法获取审计证据时，还需要通过其他审计程序获取相关的信息来佐证。

内部审计人员通过访谈方法获取审计证据，一般要编制访谈记录单。访谈记录单应载明被询问人姓名、询问事项、询问时间、询问地点、询问内容等情况。常用的询问记录单格式如表 3-5 所示。

## 五、函证

函证是指内部审计人员为印证审计事项而向被审计单位以外的第三者寄发询证而来获取证据的一种审计方法。函证一般由内部审计人员编制，由函证对象完成并直接寄给内部审计人员处理。内部审计人员应当考虑被审计单位的经营环境、内部控制的有效性、账户或交易的性质、被询证者回函的可能性等，以确定的函证的内容、范围、时间和方式（见表 3-6、

表 3-7)。

**表 3-5　访谈记录单**

<table>
<tr><td>被询问人</td><td></td><td>工作单位</td><td colspan="2"></td><td>职务</td></tr>
<tr><td>询问事项</td><td colspan="5"></td></tr>
<tr><td>询问人</td><td colspan="2"></td><td colspan="2">记录人</td><td></td></tr>
<tr><td>询问时间</td><td colspan="5"></td></tr>
<tr><td>询问地点</td><td colspan="5"></td></tr>
<tr><td colspan="6"><br><br><br>被询问人(签章):　　　　　　　　日期:</td></tr>
</table>

**表 3-6　单位询证函**

编号:

× ×(公司):

我单位审计处正在对所属单位× ×年度财务报表进行审计,按照中国内部审计准则的要求,应当询证该单位与贵公司的往来账项等事项。下列数据出自该单位账簿记录,如与贵公司记录相符,请在本函下端"信息证明无误"处签章证明;如有不符,请在"信息不符"处列明不符金额。回函请直接寄至× ×单位审计处。

通信地址:

邮编:　　　　　电话:　　　　　传真:　　　　　联系人:

1. 该单位与贵公司的往未原项列示如下:

| 截止日期 | 贵公司欠 | 欠贵公司 | 备注 |
|---|---|---|---|
| | | | |
| | | | |

2. 其他事项

本函仅为复核账目之用,并非催款结算,若欠款在上述日期之后已经付清,请及时函复为盼。

(公司盖章)
年　月　日

结论:1. 信息证明无误

(公司盖章)
经办人:
年　月　日

2. 信息不符,请列明不符的详细情况

(公司盖章)
经办人:
年　月　日

**表 3-7 银行询证函**

编号：

××(银行)：

我单位审计处正在对所属某单位××年度财务报表进行审计，按照中国内部审计准则的要求，应当询证该单位与贵行的存款、借款往来等事项，下列数据出自该单位账簿记录，如与贵行记录相符，请在本函下端“信息证明无误”处签章证明，如有不符，请在“信息不符”处列明不符金额。回函请直接寄至××单位审计处。

通信地址：

邮编： 电话： 传真： 联系人：

截至 年 月 日止，本公司银行存款、借款账户余额等列示如下：

1. 银行存款

| 账户名称 | 银行账号 | 币种 | 利率 | 余额 | 起止日期(活期/定期/保证金) | 是否被抵押或质押或其他限制 | 备注 |
|---|---|---|---|---|---|---|---|
| | | | | | | | |
| | | | | | | | |
| | | | | | | | |

除以上所述，本公司并无其他在银行的存款。

2. 银行借款

| 用户名称 | 币种 | 余额 | 借款日期 | 还款日期 | 利率 | 其他借款条件 | 抵(质)押品/担保人 | 备注 |
|---|---|---|---|---|---|---|---|---|
| | | | | | | | | |
| | | | | | | | | |
| | | | | | | | | |

除以上所述，本公司并无其他来自贵行的借款。

## 六、计算

计算是指内部审计人员为核实数字的正确性而对被审计单位经济业务凭证或会计记录中的数据进行验算或重新计算的一种审计方法。由于计算所获取的证据同于内部审计人员的亲知证据，因此通常被认为具有较高的可靠性，计算主要用于检查原始凭证上的数量单价之和、小计、合计；检查记账凭证上明细科目金额的合计；检查账簿各页各栏金额的小计、合计、余额、转页金额等；检查报表列示项目的小计、合计、总计及其他计算；检查预测、预算、计划等数据。

## 七、分析性程序

分析性程序是指内部审计人员通过分析和比较信息之间的关系或计算相关的比率，以确定审计重点、获取审计证据和支持审计结论的一种审计方法。

分析性复核是现代审计最为基本的审计方法之一，它将被审计单位有关财务信息或非财务信息与相关信息之间的对比,有助于发现意外或潜在的不合法和不合规的行为。

所谓财务信息,主要包括各种财务指标、经过计算的各种财务比率(如流动比率)、资产负债率、资产周转率、存货周转率等。非财务信息主要指组织在运转过程中产生的财务信息以外的信息,如人事信息、技术指标等。

由于通过分析复核重点审查的领域,提高了内部审计工作效率,因此内部审计人员应当熟练掌握和运用这种常用的基本技术方法。

分析性复核的基本内容如下:

(1)将当期信息与历史信息相比较并分析其波动情况及发展趋势。

(2)将当期信息与预测、计划或预算信息相比较并做差异分析。

(3)将当前信息与内部审计人员预期信息相比较并做差异分析。

(4)将被审计单位信息与组织其他部门类似信息相比较并做差异分析。

(5)将被审计单位信息与行业相关信息相比较并做差异分析。

(6)对会计信息与非会计信息之间的关系、比率的计算与分析。许多会计信息与非会计信息之间存在着一定的联系。

(7)对重要信息内部组成因素的关系、比率的计算与分析。对这类信息的比较分析,通常用于对所审在的重要信息的总体合理性进行评价。

## 第三节 审计证据的分析、整理和利用

内部审计人员为了使在审计过程中获取到的分散的、个别的审计证据,变成相关的、充分的和可靠的审计证据,以便提出恰当的审计结论和建议,就必须对审计证据进行分析和梳理,从而使之条理化、系统化。

### 一、审计证据的分析

分析审计证据,就是对审计证据的充分性、相关性和可靠性进行检查,旨在对审计过程中获取的各种材料进行筛选,选取证明审计事项的材料。

#### (一)充分性分析

审计证据的充分性是审计证据能够证明审计事项的程度,是对审计证据的数量要求。内部审计人员应注意审计证据的数量,检查其是否充分,是否足以说明审计事项。

内部审计人员在分析审计证据充分性时,还应考虑审计证据所反映内容、问题性质和金额大小等因素,即单个审计证据的重要程度。一般而言,单个审计证据所反映的问题性质越严重、金额越大,对评价审计事项越重要,就越能用来证明审计事项。内部审计人员在考虑单个审计证据的重要程度时,应注意那些从表面上看反映的是一般错误问题,实质上却是性质严重的问题,不能为假象所迷惑。

#### (二)相关性分析

审计过程中获取的许多材料,它们是否与审计事项相关、是否与审计事项有内在联系,对证明审计事项至关重要。因此,内部审计人员要对其进行分析,将那些与审计事项没有关系或关系不大的材料刷除出去,而留下与审计事项相关程度较高的证据。

### （三）可靠性分析

审计证据的可靠性受多种因素的影响，其中受当事人的支配与影响最为重要。受当事人支配与影响的程度越小，被篡改和伪造的机会就越少，其可信度也就越高；反之，亦然。一般说来，外部证据比内部证据可靠，书面证据比口头证据可靠，内部审计人员的亲知证据比由被审计单位提供的证据可靠。内部审计人员应对审计证据的可靠性进行分析，去伪存真，将审计结论建立在可靠的审计证据基础之上。

## 二、审计证据的整理和利用

内部审计人员分散收集并经过分析的审计证据，从单个证据看，可能都具有证明力。但从整体上来看，未必如此。因此，需要对审计证据进行分类、归纳和整理。

审计证据的整理和利用贯穿于审计全过程。审计实施过程中，内部审计人员应对审计证据进行初步的整理、分析和专业判断，形成审计工作底稿，并将相关审计证据附在审计工作底稿之后。审计现场工作结束后，内部审计人员应将附有审计证据的重要审计工作底稿，尤其是影响审计结论的审计工作底稿，统一交项目负责人，由项目负责人对相关审计工作底稿及所附审计证据进行综合分析，验明审计证据是否足以证明审计结论。在此阶段，如果发现审计证据充分性不足、质量不高等情况，应实施进一步程序以补充审计证据。

审计证据经过分类、归纳和整理后，应通过审计工作底稿对其进行综合、汇总，并对各个审计事项及总体形成审计结论。分散的、个别的审计证据不足以形成对整个审计事项的结论，只有对其进行综合、汇总，将缺乏联系甚至相互矛盾的审计证据去粗取精、去伪存真、相互印证，才能作为支持审计结论的证据。这个过程很重要，它使内部审计人员对审计事项从个别到全面、从表面到本质，逐渐形成对审计事项的结论，为出具客观公正的审计报告奠定了坚实的基础。

# 第四章　审计工作底稿

审计工作底稿是指内部审计人员在审计过程中形成的审计工作记录，是形成审计结论、发表审计意见、出具审计报告的直接依据，也是对内部审计工作进行复核、检验和评价，乃至考评内部审计人员专业能力、工作业绩、知识水平的重要依据。它记录了内部审计人员所执行的每一个审计程序，获取的每一份原始资料，并记录了这些原始资料整理、加工、综合和分析的过程，还记录了内部审计人员的专业判断和审计结论。因此，审计工作底稿在内部审计过程中起着相当重要的作用。

## 第一节　审计工作底稿的概念和目的

### 一、审计工作底稿的概念

审计工作底稿是内部审计人员在审计过程中形成的工作记录，是联系审计证据和审计结论的桥梁。审计工作底稿概念有广义和狭义之分。广义的审计工作底稿是指内部审计人员在审计过程中形成的审计工作记录和获取的资料；狭义的审计工作底稿则仅指内部审计人员从审计计划开始到审计报告前形成的审计工作记录。《内部审计具体准则第 2104 号——审计工作底稿》（以下简称《底稿准则》）采用狭义的概念。

审计工作底稿应记录的内容取决于所审查的经营活动和内部控制、审计的目的和范围。内部审计人员应该根据审计项目的具体情况进行判断，以保证审计质量为目标，确定审计工作底稿记录应该包括的内容。

审计工作底稿与审计证据有着密切的关系。审计工作底稿是审计证据的书面载体和外在表现形式，是审计证据与据其做出的审计结论之间的桥梁；审计证据是审计工作底稿的实质内容和内涵。审计工作底稿除记录审计证据获取的程序和方法、审计证据的名称和来源等外，还应记录内部审计人员对审计证据做出的分析、判断，以及得出审计意见和结论。

### 二、编制审计工作底稿的目的

内部审计人员在审计工作中应编制审计工作底稿，以达到以下目的：

（1）为形成审计报告提供依据。审计工作底稿中记录了内部审计人员在审计过程中所收集并经过整理的各种审计证据及在此基础上所做出的分析、判断和结论，是内部审计人员做出审计结论和审计意见的直接依据。

（2）证明审计目标的实现程度。审计工作底稿详细记录了内部审计人员所执行的每一项审计程序，以及在各个阶段所搜集的资料，可以清楚地了解到内部审计人员在每个程序上所做的工作及其审计目标的实现程度。

（3）为检查和评价内部审计工作质量提供依据。审计工作底稿反映出内部审计人员是否做到应有的职业谨慎，执行了必需的审计程序，收集了充分、相关和可靠的审计证据，因此能够为评价内部审计工作质量提供依据。

(4)证实内部审计机构及人员是否遵循了内部审计准则。内部审计准则是内部审计人员执行审计业务的技术规范,审计工作底稿可以反映内部审计人员对此技术规范的遵循程度。

(5)为以后的工作提供参考。审计工作底稿中记录了内部审计人员在审计过程中所遇见的问题,收录了一些档案资料,有些工作底稿可能属于永久性的审计档案,包含具有持续开发利用价值的重要信息,可为以后的审计提供参考与借鉴。另外,内部审计人员在实施后续审计时,可以查阅前期审计工作底稿中记录的所发现的问题和所提出的建议,借以对被审计单位针对审计发现所采取措施的及时性、有效性进行评价。

(6)提高内部审计人员的专业素质。内部审计人员特别是缺乏经验的工作人员在记录审计工作底稿时可能存在分析、判断等错误的问题,这些问题通过项目负责人或经验丰富的内部审计人员的复核而得以纠正,从而有助于内部审计人员专业素质的提高。

## 第二节　审计工作底稿的编制

审计工作底稿不仅是形成审计结论的依据,而且是控制和监督审计质量的基础。要规范审计工作,首先必须依照《底稿准则》要求编制审计工作底稿,对其要素、格式及质量要求加以规范。

### 一、审计工作底稿的要素

为规范内部审计人员编制的审计工作底稿,应对审计工作底稿的基本要素进行规范。《底稿准则》第七条规定,审计工作底稿包括下列基本要素:

(1)被审计单位名称。即接受审计的单位或项目的具体名称,目的在于明确审计客体。

(2)审计事项名称。即被审计的事项,一般是指某一审计程序及实施对象的名称或某一报表项目名称。目的在于明确审计内容。

(3)审计事项期间或截止日。即审计内容所属会计期间或会计时点,目的在于明确审计范围。

(4)审计程序的执行过程和执行结果记录。它包括了解内部控制、进行风险评估、实施控制测试和实质性测试等的记录,内部审计人员的专业判断以及审计复核记录等。目的在于记载内部审计人员实施审计程序的性质、范围及过程等内容。

(5)审计结论、意见及建议。即内部审计人员对审计事项所做的结论或评价结果。目的在于记录内部审计师的专业判断,为审计报告和建议提供依据。

(6)执行人员姓名和执行日期。即实施该项目审计并记录审计工作结果的内部审计人员姓名及编制该工作底稿的时间。目的在于明确审计工作职责,以便检查者、使用者了解谁可以对该工作底稿提供详细的解释。

(7)复核人员姓名、复核日期和复核意见。即负责检查、监督内部审计人员工作质量的人员实施复核后的签名和填写的实施复核时间及其复核意见。目的在于明确复核责任,便于查询。

(8)索引号及页次。即内部审计人员根据一定规则统一规定的各审计事项的编号和本页工作底稿属于该事项页次。目的在于方便存取使用,便于日后参考。

(9)审计标识与其他符号及其说明等。即审计符号,是内部审计人员用以表达各种审计含义的书面符号。目的是节约时间、提高效率和方便阅读。

## 二、审计工作底稿的格式

审计工作底稿应有规范的格式,但不同性质的审计项目、被审计单位和审计事项对审计工作底稿的格式又有不同的要求,因而审计工作底稿不可能有完全统一、一成不变的格式。在实际审计工作中经常使用的审计工作底稿格式主要有两类。一类是通用格式审计工作底稿,一类是专用格式审计工作底稿。

通用格式审计工作底稿是指有固定格式但没有具体用途的工作底稿。实际上,通用格式审计工作底稿就是有被审计单位名称、审计事项名称、审计事项的期间或截止日、编制人及编制日期、复核人及复核日期、索引号及页次等要素的工作底稿。其一般格式如表 4-1 所示。内部审计人员可以根据审计事项的特点、被审计单位的实际情况,直接记录在通用底稿空白处上,或自己在通用底稿空白处上划成所需的表格后填写。有的单位内部审计机构为了使用方便,将工作底稿常用的栏目都划好了,如表 4-2 所示。

**表 4-1　审计工作底稿(通用 1)**

被审计单位名称　　索引号　　页次
审计项目名称　　编制人　　日期
会计期间或截止日　　复核人　　日期

| |
|---|
| |
| |
| |
| |
| |
| |
| |

**表 4-2　审计工作底稿(通用 2)**

被审计单位名称　　索引号　　页次
审计项目名称　　编制人　　日期
会计期间或截止日　　复核人　　日期

| | |
|---|---|
| 审计程序的执行过程和执行结果 | |
| 审计 | |
| 审计结论 | |
| 复核意见 | |

专用格式审计工作底稿是根据具体审计事项特点而专门设计的工作底稿。如××报表项目审定表、存货抽盘表、库存现金盘点表、银行存款余额调节表及询证函等。

编制审计工作底稿的目的是要把审计过程和结果完整地记录下来,只要能达到目的,哪种格式都可以。

## 三、审计工作底稿的结构

编制审计工作底稿的目的是揭示有关审计事项的未审情况,反映审计过程和经过审计后的审定情况。为此,审计工作底稿应有一定的结构。一般说来,应先列明被审计事项的未审情况,包括被审计单位的内部控制情况、有关报表项目未经审计的发生额及期末余额;然后是审计程序执行过程的记录,包括内部审计人员实施的审计测试的性质、内容,抽取的样本及对与样本有关凭证的检查,存在的问题及原因,审计标识及说明等;最后是审计结论,包括内部审计人员对被审计单位内部控制测试与评价的结果、有关报表项目的审定发生额及审定期末余额等。

## 四、审计工作底稿编制的质量要求

审计工作底稿是审计证据的书面载体和外在表现形式,审计证据是审计工作底稿的实质内容和内涵。审计证据的相关性、充分性和可靠性的特征对于做出审计结论和建议是至关重要的,要使审计证据达到这些基本特征的要求,作为其载体的工作底稿必须强调一定的质量要求。

(1)内容完整。内部审计人员所编制的审计工作底稿应力求内容完整,记录与审计项目的审计目标和审计范围相关的所有资料。应该包括:所收集的所有原始资料;在原始资料基础上所做的分析;清楚标明所收集的资料的来源、收集程序及运用的方法等;工作底稿的编制人及编制日期;复核意见及复核者签名、日期;有关的索引编号等。审计工作底稿不应记录未完成的项目或未解决的问题。

(2)记录清晰。审计工作底稿中所收录的资料的各种组成要素应当完整、齐全。如底稿的标题,编制日期,编制人、复核人等;用词恰当、字迹清楚、文字端正、格式规范;计算要正确。并且应清楚地说明内部审计人员所执行审计程序的性质与程度,说明在审计过程中所检查的资料。工作底稿的内容与形式都应具有一定逻辑性,并使人一目了然。

(3)结论明确。在收集、记录原始资料的基础上,内部审计师应根据所收集的审计证据,进行整理、分析,做出适当的职业判断,观点鲜明、条理清楚,提出明确的审计结论和意见。应避免使用模糊不清,容易使人产生歧义的文字。

(4)客观性。内部审计人员应当保持职业的谨慎,记载的事实附有证据,确保审计工作底稿资料来源的客观与可靠,对此进行记录也要保持客观、公正、不偏不倚的态度。

(5)重要性。审计工作底稿应将被审计单位的所有重要事项、执行的审计程序、采用的审计技术与方法以及其他发表审计意见所需的证据引入。

审计工作底稿的编制不能限于是否查出违规行为,凡是做过的工作,都应编制完整的审计工作底稿,包括项目审计方案的编制及调整情况,以明确责任,显示审计工作的进度和质量状况。

审计工作底稿中可以使用各种审计标识,但应当注明含义并保持前后一致;审计工作底稿应当注明索引编号和顺序编号。相关审计工作底稿之间如存在钩稽关系,应当予以清晰反映,相互引用时应当交叉注明索引编号。

## 第三节 审计工作底稿的复核与管理

### 一、审计工作底稿的复核

**(一)分级复核**

内部审计师由于业务水平、实践经验、工作能力等方面存在着差别,编制的审计工作底稿质量也不一样,有的还可能存在着某些错误。因此,对审计工作底稿进行分级复核,不仅是必不可少的程序,而且是内部审计机构控制质量、防范风险的一项重要措施。通过建立审计工作底稿的分级复核制度,可以减少人为的差错,及时发现与解决问题,对审计质量加以监控。同时,对审计工作底稿的复核,也是对内部审计人员工作的监督和评价。

审计工作底稿分级复核制度应视组织的实际情况而定,具体分为几级对工作底稿进行复核取决于组织内部审计机构的规模、审计项目的重要性等因素。对审计工作底稿的复核,应由内部审计机构中比工作底稿编制人员职位更高或具有丰富经验的人员担任。内部审计机构应明确规定各级复核人员的要求和责任,内部审计机构负责人应对复核工作负完全责任。

在审计工作底稿复核中,应主要对是否实施了必要的审计程序,工作底稿所引用的资料来源是否客观与可靠,审计证据是否充分、相关、可靠,审计判断是否合理及审计结论是否恰当等方面进行检查。

**(二)复核记录**

在对审计工作底稿进行复核时,应该做好复核记录,复核人员应当签署姓名、日期,以便分清审计责任。如果复核人员对审计工作底稿有什么意见,也应在底稿的适当位置写明,并且督促底稿编制者进行补充或修正。

**(三)现场复核**

为了及时发现问题,提高审计效率,审计项目负责人应当尽可能在现场审计尚未结束时,对审计工作底稿进行初步的复核,以便在发现底稿中存在遗漏、错误时,可以当场进行更正和补充。

现场复核的重点是检查是否遗漏了必要的审计程序,是否收集了比较充分的审计证据,资料引用的来源是否可靠,专业判断是否恰当等。

**(四)审计工作底稿的沟通**

结果沟通是内部审计机构与被审计单位、组织、适当管理层就审计概况、依据、结论、决定或建议进行讨论和交流的过程。沟通的目的是保证审计结果的客观、公正,并取得被审计单位、组织、适当管理层的理解。沟通一般采取书面或口头方式,也可采用其他适当的方式。外部审计(政府审计和社会审计)一般不将工作底稿给被审计单位征求意见,但内部审计却不一样,如果不是特别事项,都应与被审计单位充分沟通。在沟通中,把审计建议与意图灌输至被审计单位,有利于组织目标的实现。如果被审计单位对审计结果有异议,审计项目负责人及相关人员应当进行核实和答复。内部审计机构负责人应当与组织适当管理层就审计过程中发现的重大问题及时进行沟通。内部审计机构与被审计单位进行结果沟通时,还应当注意沟通技巧。

## 二、审计工作底稿的管理

由于审计工作底稿在内部审计工作中的重要性及其本身应有的保密性,内部审计人员应注意对底稿的管理。在实施内部审计过程中,即使尚未编制完成审计工作底稿也应防止无关人员的接触。每个项目审计结束后,应及时将底稿按项目分类存档,在指定的存放地点妥善保管。

审计工作底稿的所有权归组织所有,任何人包括编制审计工作底稿的内部审计人员都不能占为己有或赠予他人。

鉴于审计工作底稿的保密性,在一般情况下,应限制内部审计机构以外的人员或机构接触审计工作底稿。在必要情况下,内部审计人员可以向被审计单位出示工作底稿,以便解释、说明某项审计意见或建议。但是在向被审计单位出示底稿时,应考虑其必要性,有选择地出示底稿。组织内部的其他机构或人员因工作需要,在承诺保密的情况下,经内部审计机构负责人同意并报经主管领导批准后,可以查阅内部审计机构的工作底稿,利用内部审计的工作成果。对于组织外部的人士或其他组织,如确实需要查阅内部审计工作底稿,例如外部审计机构出于利用内部审计工作需要而提出的要求等,必须在内部审计机构负责人或者对内部审计机构负领导责任的管理层批准下才能查阅相关的内部审计工作底稿。但是法院、检察院或其他有权部门依照法律进行查阅的除外。

# 第五章　审计报告

报告审计工作结果是审计终结阶段的关键环节。作为内部审计人员专用的一种文体，内部审计报告是交流信息、报告审计结果最重要、最常用且必不可少的一种方式。内部审计人员应该根据现场审计所掌握的证据和相关信息，在运用职业判断进行重要性分析之后，及时按照《内部审计具体准则第 2106 号——审计报告》(以下简称《报告准则》)的要求，向被审计单位或适当管理层提交反映审计结果和审计任务完成情况的审计报告。

## 第一节　审计报告的含义和目标

审计报告，是指内部审计人员根据审计计划对被审计单位实施必要的审计程序后，就被审计事项做出审计结论，提出审计意见和审计建议的书面文件。审计报告是内部审计活动成果的体现，是整个内部审计工作中重要的环节之一。

内部审计人员应当在审计实施结束后，以经过核实的审计证据为依据，形成审计结论、意见和建议，出具审计报告。如有必要，内部审计人员可以在审计过程中提交期中报告，以便及时采取有效的纠正措施改善业务活动、内部控制和风险管理。

内部审计报告都应该具备以下 4 个基本目标：

(1)披露有关的发现。审计报告应该总结并概括观察到的或发现的各种有利情形以及不利情形。因此，审计报告可以是管理层关注组织内部某个部门运营情况的信息来源。

(2)描述有关的发现。根据内部审计人员观察并发现的各种情形，审计报告就可以描述任何失常的情形，以及这种情形发生的原因。“失常”一词包括内部控制薄弱环节、违反单位规程以及内部审计关注的其他任何问题，即所谓的差距。

(3)建议纠正措施。审计报告应该根据有关的审计发现提出建议，并作为纠正这些失常情形及其原因的行动框架，其目标是改进组织的运营工作。

(4)书面记录被审计单位的计划和需要阐释的观点。被审计单位希望进行陈述，以此减轻有关情形，或者对审计报告中意见不一致的事项进行阐释。这个目标取决于审计报告的格式，被审计单位会根据有关的审计发现和审计建议，正式地声明纠正措施方面的计划。

因此，审计报告的目标除及时向报告的阅读者传递有效信息外，更重要的是能够说服报告阅读者接受并采纳审计意见和建议，采取行动措施。只有这样，审计报告才能真正发挥其潜在的效用，成为推动实现组织目标的有效工具。

## 第二节　审计报告的内容和格式

由于审计活动的性质千差万别，而且每一个内部审计机构对最终审计报告的质量控制都有自己的期望和目标，所以要为审计报告设计一种完美的通用格式是不现实和毫无意义的。但是，这并非意味编写审计报告没有规律可循。在长期的内部审计实践中，不少内部审计机构对其提出了一些原则性的要求或采用一种较适合的格式作为标准。这种标准化的书面报告格式展示了一般的结构和内容。它既有助于阅读者以熟悉的方式获取信息,又有助于内部审计人员规划审计工作,整理审计工作底稿,在整个审计工作中始终考虑并致力达到报告的要求。

## 一、审计报告基本要素

审计报告的基本要素包括标题、收件人、正文、附件、签章、报告日期和其他。

(1)标题。审计报告的标题一般可统称为“审计报告”。但对经济责任审计、专项审计调查等特殊目的的审计,其审计报告标题可以包括被审计单位名称、审计事项的主要内容、范围和文种。如经济责任审计结果报告可表述为“×××单位×××同志任期经济责任审计报告”。

(2)收件人。一般为接受审计的单位。如果内部审计机构所在单位另有要求的,则按其要求确定收件人。

(3)签章。包括内部审计机构签章和签发人签章。如果没有设立独立内部审计机构的,其所签署的印章应与审计通知书印章相一致。

(4)报告日期。一般为内部审计机构负责人或内部审计师所在单位分管领导签发的日期。

## 二、审计报告正文的主要内容

审计报告的正文内容,主要包括审计概况、审计依据、审计发现、审计结论、审计意见和审计建议。

(1)审计概况。审计概况是报告的引言部分,一般应说明审计的立项依据、审计目的和范围、审计标准等内容。立项依据一般包括内部审计机构年度审计计划、单位负责人的指令、有关权力机构的委托等;为帮助报告的使用者更好地从报告中所获取其所需要的信息,审计报告应清楚、简明地陈述审计的目的;一般说来,审计报告还应说明审计范围,如存在未进行审计的领域,应在报告中指出,特别是某些受到限制无法进行检查的项目,应说明无法审查的原因。

审计标准是内部审计人员对经营活动和内部控制做出审计判断的依据。在财务审计中的审计标准主要是会计准则和会计制度等。管理审计中的审计标准往往没有统一的规范,需要组织管理层根据组织情况制定适当的标准。

(2)审计依据。审计报告应声明,内部审计人员的审计工作是严格按照内部审计准则进行的。审计过程中如遇到无法按照审计准则要求执行必要的程序,应在审计报告中陈述理由,并就此可能导致的对审计结论、审计决定和整个审计项目质量的影响做出必要的说明。

(3)审计发现。审计发现是指内部审计人员对被审计单位的业务活动、内部控制和风险管理实施审计过程中所发现的主要问题的事实。

(4)审计结论。审计结论是指内部审计人员根据审计过程查明的事实或问题,对其可能产生的影响做出的评价。审计结论是审计报告中的重要组成部分。在做出审计结论时,应针对本次审计的目的,根据获取的审计证据,对被审计单位的财务状况、经营成果和内部控制做出评价。

(5)审计意见。内部审计人员在审计报告中可能会针对审计发现的主要问题提出处理、处罚意见,要求被审计单位在一定的期限内纠正和执行,或供组织管理层参考。审计意见的权威性取决于组织适当管理层对内部审计机构的授权。

(6)审计建议。内部审计人员根据组织的实际情况,针对审计过程中发现的问题提出的一些解决方案、措施等。审计建议的基础是内部审计人员的审计发现和审计结论。审计建议的目的在于帮助被审计单位或组织的管理层对审计发现的问题做出改进或纠正。但是审计建议的采纳与否,取决于相关的管理层对综合情况的理解和判断。

内部审计人员在提出建议时,应充分考虑被审计单位所处环境及建议执行的成本,以确定实施审计建议所带来的效益是否大于实施成本。

审计建议可以是具体、详细的纠正措施或改进方案,或者是概括性的综合意见,也可能仅仅是建议组织适当管理层对某一事项进行调研等。

(7)附件。有的审计报告可能还有附件。在附件中,应对整个审计过程和审计发现的各类问题进行比较详细的说明和介绍,使报告使用者通过附件内容对整个审计项目有更加全面的了解。此外,在审计报告的编制过程中,内部审计人员应当就审计结论、审计意见和审计建议与被审计单位进行必要和适当的沟通、协调,对于被审计单位的反馈意见,应当作为附件的一部分,让报告使用者同时了解被审计单位的意见和立场。

总之,内部审计人员在撰写审计报告时,应当做到要素齐全、事实清楚、格式规范,但报告正文的主要内容是否必须全部包括,这要视审计工作的实际而定。有的审计报告可能不需要对审计发现的问题提出处理、处罚意见,审计报告就可以没有审计意见这部分内容。总的说来,一份审计报告,除标题、收件人和签章等要素外,一般需要说明审计目的和范围、审计依据、审计结论、审计发现、审计建议等事项。在实际工作中,内部审计机构可以确定本单位适用的审计报告格式。这种格式一经确定,就应该保持一致,不应该经常处于变化之中。

### 三、审计报告的框架结构

审计报告按审计的对象和报告的内容特点划分,可以划分为财务审计报告、经营审计报告、管理审计报告、效益审计报告、内部控制审计报告、经济责任审计报告、舞弊审计报告、风险管理审计报告、信息系统审计报告、公司治理审计报告、专项审计调查报告等。虽然审计报告的要素基本相同,但是不同类型的审计报告,其框架结构并非完全一样。

## 第三节　审计报告的质量要求

内部审计人员应在审计实施结束后,以经过核实的审计证据为依据,形成审计结论与建议,出具审计报告。审计报告的目的是向报告使用者提供信息,而不是阅读欣赏。审计报告的编制是一项严格而又细致的工作,编制者不能凭主观意志随意发挥。《报告准则》第五条规定,审计报告应当实事求是、不偏不倚地反映被审计事项的事实;要素齐全、格式规范,完整反映审计中发现的重要问题;逻辑清晰、用词准确、简明扼要、易于理解;充分考虑审计项目的重要性和风险水平,对于重要事项应当重点说明;针对被审计单位业务活动、内部控制和风险管理中存在的主要问题或者缺陷提出可行的改进建议,以促进组织实现目标。这就是审计报告的写作应该达到的标准。

(1)实事求是、不偏不倚地反映被审计事项的事实。审计报告应实事求是、不偏不倚地反映审计事项,做出客观、公正的审计结论,也就是审计报告的客观性。客观性还意味着内部审计人员在写作审计报告时,要保证报告中的每一句说明、每一个数字都是完全尊重事实的真实写照,并有充分、可靠、确凿的审计证据为依据,如果事后发现报告中存在差错,那么,必须考虑修正报告的必要性。修正报告应该指明修改过的资料,对重大差错还需说明修改的原因,修正报告应该发送到所有接收过报告的人员。

(2)要素齐全、格式规范,完整反映审计中发现的重要问题,也就是审计报告的完整性和重要性。完整性要求审计报告的要素必须齐全,事实清楚,格式规范,不遗漏重要审计发现。

(3)逻辑清晰、用词准确、简明扼要、易于理解。清晰性表明审计报告应突出重点、简明扼要。这要求报告的写作必须用词准确,文字通顺流畅,逻辑性强,前后一致并突出重点。用词准确与否是决定读者能否正确理解报告内容的一个关键因素。通常在书面的正式报告中,不应该使用"几个、少数、大量"之类的词来说明情况,另外,专业术语也应该尽量少用,而以通俗语言代之。简洁的写作意味着用最少的语言来准确完整地表达思想,阐明与完成审计任务相关的重要信息。工作繁忙的高层管理人员一般不会有时间阅读一份冗长的审计报告。这就要求报告的写作应言简意赅地阐明事实和结果,文风简洁明快,又抓住要害、突出重点,易于理解。简洁是指应该删除那些与审计主题无关或可有可无的词语、句子和段落,并非意味着所有的报告都要简短。事实上,一些重大的问题往往需要详细地说明,并非三言两语所能阐述清楚的。

(4)充分考虑审计项目的重要性和风险水平。对于重要事项应当重点说明,也就是审计报告的重要性。重要性是要求内部审计人员在形成审计结论与建议时应充分考虑审计项目的重要性水平和审计风险。对于被审计单位经营活动和内部控制中存在的严重差异和漏洞以及审计风险高的领域,必须在审计报告中重点详细说明。

(5)针对被审计单位业务活动、内部控制和风险管理中存在的主要问题或者缺陷提出可行的改进建议,以促进组织实现目标,也就是审计报告的建设性。建设性是针对审计发现、意见和建议而言的,尤其是为改进经营活动而提出的建议。现代内部审计的最终目的不在于发现问题,批评过去,而在于解决问题,指导未来。这就要求审计报告能够为高层管理人员把握其控制下活动的真实情况,为强化控制、统筹全局、科学决策提供有价值的参考信息;能够为督促和帮助被审计单位慎重考虑报告中所陈述的问题和建议,及时采取纠正行动,改变不良工作状况,提高绩效水平而提供有益的咨询服务。审计报告中所提出的审计建议,应该符合被审计单位的客观实际,应该切实可行。只有这样,才能使读者切实感觉到审计报告的价值所在,从而接受内部审计人员的观点并将其付诸实施;只有这样,才能有效地发挥内部审计作为一种管理控制职能的作用。

除此之外,还应该考虑审计报告的及时性和语调的恰当性。

(1)及时性。

及时性表明审计报告应及时提交,使审计发现能够及时得到解决,审计建议能够尽快得以落实。通常,审计报告应该在检查工作完成之后,就及时进行编写并呈送给有关人员。越是能够尽早让组织管理层和被审计单位知道存在的问题和缺陷,就越有利于及时采取改进措施，对造成的不利影响就越小。期中审计报告便是这种及时性报告要求下的一种报告方式。一份不具时效要求的审计报告是毫无价值可言的。

(2)语调的恰当性。

审计报告的写作应该具有得体的语调，避免对所审查活动发表的意见和建议成为批评别人、指责别人的行为。审计报告的语调和内部审计人员的讨论态度往往是决定能否取得被审查者合作的关键。偏激或浮夸之词都将影响、破坏双方良好合作关系的建立，从而使内部审计人员作为被审查单位的“敌人”出现在组织中。恰当的语调意味着审计报告是文雅、高尚和有礼貌的，表示了对被审查者的尊重，使阅读者感觉到各种说明是心平气和并不带感情色彩的，是客观求实且富有新意的。这要求报告的作者具有客观公正的写作态度和扎实朴素的语言功底。

## 第四节　审计报告的编制与分发

高质量的审计报告，除具备合理的报告框架结构外，还必须建立科学、严谨的报告编制程序。审计报告的编制是一个系统的过程，内部审计人员在编制与分发审计报告过程中，一般要经过以下几个步骤：

(1)检查审计任务的完成情况。在编写审计报告之前，对审计过程各阶段，尤其是审计实施阶段的工作完成情况进行全面的检查是非常必要的。它是审计质量控制的一项重要内容。检查的目的在于保证审计工作覆盖了项目审计计划和审计方案确定的审计范围和全部内容，所有的审计步骤都被实施了。

(2)复核审计工作底稿。审计工作底稿是审计报告的基础。内部审计人员应在编写审计报告前对审计工作底稿进行复核。复核的重点是审计的目标是否实现，审计程序是否执行；审计证据是否充分、相关、可靠；审计结论和审计判断是否恰当等。对审计工作底稿的复核，应由审计项目主审或审计组组长担任。

(3)评估审计发现的重要性。写入审计报告的审计发现应该与目标的实现有着重要联系，能够引起读者的兴趣和关注。换言之，报告中所陈述的事实和揭示的不良状况应该具有重要性，能够为读者熟悉情况、改进工作提供有价值的重要信息。在审计中，内部审计人员可能记录了很多审计发现，其中可能有些与审计目标无关或关系不大，对审计意见和建设没有多大影响。这种信息出现在审计报告中会削弱审计报告的价值和作用。重要性评估意味着对审计发现的代表性、典型性和严重性进行分析，透过现象抓住其本质，有目的、有系统、有选择地确定报告中的审计发现。

(4)与被审计单位适当管理层的沟通。审计组应当在实施必要的审计程序后，及时编制审计报告，并征求被审计对象的意见。审计报告经过必要的修改后，应当连同被审计单位的反馈意见及时报送内部审计机构负责人复核。内部审计人员在形成初步审计意见后，应及时与被审计单位适当管理层进行沟通。沟通的主要内容包括：遵循内部控制和法律、法规等方面存在的重大问题；财务报表中存在的重大不真实问题；审计结论及审计报告的措辞等。

(5)获取被审计单位管理当局声明书(承诺书)。被审计单位管理当局的声明书是重要的审计证据，内部审计人员应在出具审计报告前，向被审计单位管理当局索取声明书，以明确会计责任与审计责任。

(6)编制审计报告征求意见稿并征求被审计单位意见。在全面汇总审计结果,初步做出审计结论,并确认审计工作程序合法后,内部审计人员要围绕既定审计目标的完成情况,编制审计报告征求意见稿,征求被审计单位的意见。征求被审计单位意见一般以审计报告征求意见书附送审计报告的形式进行。审计报告征求意见书的基本格式示例如下。

【例 5-1】

## 审计报告征求意见书

××单位(被审计单位名称或被审计者姓名):

根据《内部审计具体准则第 2106 号——审计报告》第十条规定,现将我处对你单位 201×年度财务报表(内部控制、风险管理、绩效等,经济责任审计可表述为"'你'或'您'担任×公司期间任期经济责任")的审计报告(征求意见稿)送给你们(被审计者为"你"或"您",下同),请你们在收到审计报告之日起×日(如10日)内提出书面意见,送交我处。如果在规定期限内没有提出书面意见,视为对审计报告无异议。

附件:审计报告(征求意见稿〕

××单位审计处(印章)

签发人:×××

年　月　日

送达审计报告征求意见书,可以采取直接送达,也可以邮寄送达。直接送达的,以被审计单位在送达回证上注明的签收日期或者见证人证明的收件日期为送达日期;邮寄送达的,以邮政回执上注明的收件日期为送达日期。

被审计单位对征求意见的审计报告有异议的,内部审计人员应当进行研究、核实,必要时应修改审计报告。

(7)分级复核审计报告。内部审计机构应结合本机构的规模、人员配备等各种因素建立审计报告分级复核制度,审计报告的最终复核人应由内部审计机构的负责人担任。

(8)修改审计报告,由内部审计机构负责人或分管领导签字定稿。

(9)审计报告分发。审计报告的分发仅限于单位内部,可以根据内部审计机构的一般要求和审计活动本身的性质来确定分发的对象。通常,审计报告呈送给单位领导层、被审计单位或个人、相关的管理部门等。

# 第六章　后续审计

与外部审计师出具审计报告即基本完成审计工作不同,内部审计人员在审计报告发出后,仍然要对报告中所涉及的审计结果和审计建议进行跟踪,其目的是审查和监督被审计单位是否对报告中提示的问题进行了纠正和改进。在内部审计实务中,作为完整审计过程的一个阶段,后续审计是对审计报告中反映的问题进行跟踪检查,直到被审计单位采取了纠正行动,指导内部审计人员感到满意。

## 第一节　后续审计概述

### 一、后续审计的概念

按照《内部审计具体准则第 2107 号——后续审计》(以下简称《后续审计准则》)规定,后续审计是指内部审计机构为跟踪检查被审计单位针对审计发现的问题所采取的措施及其改进效果,而进行的审查和评价活动。在后续审计中,审计人员重点关注的应当是问题能否得以解决以及对单位的影响。因此,被审计单位所采取的纠正措施及其改进效果是后续审计的主要内容。后续审计是内部审计有别于注册会计师审计的重要特征之一。

内部审计机构可以在规定期限内,或者与被审计单位约定的期限内实施后续审计。内部审计机构负责人可以适时安排后续审计工作,并将其列入年度审计计划。

### 二、后续审计的特点

(1)后续审计不是一个独立的审计项目。后续审计是前一次审计的延续,内部审计机构负责人如果初步认定被审计单位管理层对审计发现的问题采取了有效的纠正措施,后续审计可以作为下次审计工作的一部分。

(2)在后续审计中,审计人员重点关注的应当是问题能否得以解决以及对被审计单位的影响,而不在于审计报告中所提出的具体建议是否得到严格执行。因此,被审计单位所采取的纠正措施及其效果是后续审计的主要内容。

(3)后续审计的程序与方法与一般的审计程序和方法基本相同,但针对性较强。对审计中发现的问题采取纠正措施,是被审计单位管理层的责任。评价被审计单位管理层所采取的纠正措施是否及时、合理、有效,是内部审计人员的责任。

### 三、后续审计的主要目标

后续审计作为内部审计的一个重要环节和后续跟踪,其主要目标如下:

(1)检查被审计单位是否已对审计发现采取了相应的措施并进行整改,是否取得预期的效果。

(2)检查审计报告提出的审计意见和建议是否恰当,是否具有针对性和可操作性,是否切合被审计单位实际。

(3)检查被审计单位没有对审计发现采取纠正措施的原因及其对审计的影响。

(4)检查是否存在漏审或错审情况,以考虑是否进行再审或修正。

被审计单位管理层的责任是对审计中发现的问题采取纠正措施,内部审计人员的责任是评价被审计单位管理层采取的纠正措施是否及时、合理、有效。

## 第二节　后续审计程序

后续审计工作是保证内部审计人员落实审计建议和实现纠错防弊职能的重要步骤,审计人员只有认真履行一定的审计程序,才能保证审计质量。后续审计不同于一般意义上的审计,因此后续审计程序也不同于一般意义上的审计程序。

### 一、确定后续审计实施时间

《后续审计准则》第五条规定:"内部审计机构应在规定的期限内,或者与被审计单位约定的期限内实施后续审计。"在一般情况下,当审计项目结束后,内部审计人员应给被审计单位留一段合理的时间期限,以便被审计单位有充裕的时间采取纠正措施。内部审计机构应当与被审计单位约定适当的期限,在此期限内执行后续审计。

《后续审计准则》第七条规定:"内部审计机构负责人如果初步认定被审计单位管理层对审计发现的问题已采取了有效的纠正措施,可以将后续审计作为下次审计工作的一部分。"在安排后续审计时,如果有确切的证据表明被审计单位已经采取了有效的措施,审计发现的问题已经得到了必要的处理,出于节约资源的考虑,内部审计机构的负责人可以决定暂不进行后续审计,而是在下一次审计工作时再对这些问题的落实情况进行检查。目前,黄委水文局审计机构后续审计基本采用这种方式。

### 二、确定后续审计方案

#### (一)根据反馈意见确定后续审计方案

《后续审计准则》第九条规定:"审计项目负责人应当编制后续审计方案,对后续审计作出安排。"被审计单位的反馈意见对于内部审计负责人确定具体的后续审计方案很重要。被审计单位提供反馈意见,表明被审计单位已经对审计报告所提出的问题进行了考虑。

#### (二)制定后续审计方案应考虑的基本因素

《后续审计准则》第十条规定,编制后续审计方案时应当考虑下列因素:

(1)审计意见和建议的重要性;

(2)纠正措施的复杂性;

(3)落实纠正措施所需要的期限和成本;

(4)纠正措施失败可能产生的影响;

(5)被审计单位的业务安排和时间要求。

## 三、后续审计实施

**（一）后续审计的实施步骤**

（1）认真分析被审计单位的反馈。被审计单位的反馈是指被审计单位对审计报告中的结论、意见或建议的回应。反馈可分为四种类型：一是不反馈；二是反馈不充分；三是被审计单位存在分歧意见；四是被审计单位提交了不采取纠正措施的详细说明。

内部审计人员应有效区分和充分了解被审计单位的反馈，通过对反馈的认识选定今后的工作和方向，或者澄清事实，或者采取其他纠正措施，但内部审计人员不能把自己的意见强加给被审计单位。

（2）对反馈不充分及没有反馈的问题与被审计单位进行探讨。探讨的内容包括不反馈的原因或被审计单位的其他考虑等，通常情况下内部审计人员可采用面谈或电话咨询的方式进行。

（3）对重大的审计结果进行现场追踪审计。与内部审计实施阶段相似，后续审计的关键步骤在于取得现场追踪数据和实施考察资料并记录于审计工作底稿，形成文件，为以后的审计工作提供参考。

（4）针对已采取的各项措施进行评估，对控制风险进行重新评估。

（5）提交后续审计报告。后续审计报告的目的是使管理层充分了解后续审计中澄清的事实及重新评估的风险程度。后续审计报告的内容包括后续审计的审计结果、风险重估结果以及被审计单位的反馈等。

**（二）后续审计实施中应注意的问题**

后续审计实施与审计实施相比，其程序和内容相对简单一些，但由于它是保证审计工作目标实现和审计工作质量提高的重要环节，所以实施后续审计要重点注意以下几个方面的问题：

（1）注意了解被审计单位的反馈意见。内部审计人员在阅读和评价被审计单位的反馈意见时，应注意了解反馈意见是否针对审计报告中提出的审计发现问题进行了现象和原因的分析；同时，要了解反馈意见中是否指出已经采取和将要采取的措施，安排何时、何人负责实施。

（2）认真做好纠正措施的检查、询问和记录工作。在被审计单位提交反馈意见之后，内部审计人员一方面要检查被审计单位已实际采取的纠正措施，并将其与反馈意见中所述的已经采取的措施（整改措施的书面记录）相比较，看是否一致，实现程度如何；另一方面要询问被审计单位已实施了哪些纠正措施，并将其与反馈意见中所述的将要实施的纠正行动做比较，看是否达到要求。内部审计人员要将这些情况在工作底稿中做好记录，并就被审计单位的反馈意见进行书面总结，以便督促被审计单位认真实施纠正措施。

（3）注意检查有无隐瞒行为或漏审、错审情况。在实际审计工作中，往往会出现这样一些情况，诸如被审计单位基于某种考虑，可能会对内部审计人员存在隐瞒行为；也有内部审计人员在对被审计单位实施审计过程中，因某种原因，会出现漏审或错审的情况。因此，内部审计人员应进行认真的检查了解。如果发现上述情况，应分别采取措施予以处理：对于隐瞒行为或漏审现象的，应作为重点进行审计监督；对于错审的事项，应及时做出修正。

（4）注意审计建议对后续审计程度的影响。审计项目不同，审计建议对后续审计影响的程度也不一样。有些项目的后续审计可将重点限制在所关注的特定方面。例如,对某单位的应收账款分类账的审计提出应对应收账款进行账龄分析的审计建议,内部审计人员在后续审计时应把注意力集中在被审计单位是否按要求分析应收账款账龄;有些项目的后续审计不仅仅关注被审计单位的某一部门,而是多个部门。譬如,当审计建议是对某单位的固定资产加强管理,后续审计就要涉及该单位的财务、物资采购和设备使用管理等部门。此外,后续审计的范围也会随着审计项目的类型和重要性的不同而变化。在高风险的情况下,后续审计的范围就应该相对大一些;在低风险的情况下,后续审计的范围就可以相对小一些。

(5)整理后续审计工作记录等有关资料。后续审计工作记录来源于两方面:一是内部审计人员自身产生的记录,包括工作信件以及描述后续审计性质及结果的记录;二是被审计单位以反馈意见的形式产生的书面记录,包括计划采取纠正措施的描述及实际中已对审计报告中确认的审计发现采取的整改措施。通常有:审计报告中涉及的有关事项的往来信件的复印件;后续审计中会议、电话联系、文件审阅、计算等工作的记录;反馈意见以及传达或讨论纠正措施的往来文件的记录;向被审计单位做出的对预计纠正措施的意见和指出反馈意见中存在不足的有关信件等。

## 四、报告后续审计结果

后续审计结束后,审计人员应当向被审计单位及其适当管理层提交后续审计报告。在后续审计报告中,可以简单回顾审计发现的问题及原来的审计结论与建议。内部审计人员应对被审计单位所采取的行动进行直接的访问、观察、测试或检查纠正措施的有关文件,对被审计单位针对问题所采取的纠正措施的及时性、有效性进行评价,说明问题是否已经解决或者问题尚未解决的原因及其对组织的影响。

## 五、后续审计报告要素

后续审计报告的框架一般包括标题、收件人、正文、附件、签章和报告日期。正文一般包括引言、审计依据、审计结论、审计发现的主要问题、审计建议等内容。

# 第七章　经济责任审计

国家审计署于2018年1月2日颁发的第11号令《审计署关于内部审计工作的规定》第十二条规定，内部审计机构或者履行内部审计职责的内设机构应当按照国家有关规定和本单位的要求，对本单位内部管理的领导人员履行经济责任情况进行审计。依据《中共中央办公厅、国务院办公厅关于印发〈党政主要领导干部和国有企业领导人员经济责任审计规定〉的通知》（中办发〔2010〕32号）（以下简称"两办规定"）、《党政主要领导干部和国有企业领导人员经济责任审计规定实施细则》（审经责发〔2014〕102号）（以下简称"两办规定实施细则"）、《审计署关于印发〈深化经济责任审计工作指导意见〉的通知》（审经责发〔2011〕22号）、国务院国有资产监督管理委员会印发的《中央企业经济责任审计管理暂行办法》（国资委令第7号）和《中央企业经济责任审计实施细则》（国资发评价〔2006〕7号）、中央五部委经济责任审计工作联席会议办公室《关于进一步加强内部管理领导干部经济责任审计工作指导意见》（经审办字〔2007〕2号）、2006年新修订的审计法，使我国经济责任审计工作逐步向规范化和法制化方向发展。

## 第一节　经济责任审计概述

### 一、经济责任审计的概念

经济责任审计是随着我国政治体制和经济体制改革的不断深入发展，以及干部监督管理体制完善而产生的。

1986年9月，为适应我国国有企业深化改革的需要，中共中央、国务院颁布了《全民所有制工业企业厂长工作条例》。该条例规定，厂长离任前，企业主管机关（或会同干部管理机关）可以提请审计机关对厂长进行经济责任审计评议。据此，审计署于同年12月下发了《审计署关于开展厂长离任经济责任审计工作几个问题的通知》，明确了厂长（经理）离任经济责任审计的范围、内容、程序和方法。各级审计机关根据审计署通知的精神，结合本地区、本部门的实际情况，积极开展了这项工作。

随着企业改革的进一步深化，各级政府和主管部门更加重视对企业经营者的经济责任审计。1995年初，外经贸部制定颁布了《经理离任经济责任审计工作规定》，经过一年多的实践，又提出了"一年一小审，届中一中审，离任一大审"的三步审计方法，把经理任职经济责任审计由离任时的一次性审计评价改为经常性的审计监督；把任期终结的事后审计，变为预防性、控制性和总结性的事前、事中和事后全过程的审计，从而在加强对国有企业法定代表人的管理和考核、确保国有资产保值和增值方面起到很好的作用。随着国有企业厂长（经理）离任经济责任审计工作的开展，经济责任审计已不仅仅局限于对厂长（经理）离任时的经济责任进行审计。1998年6月12日，国务院在其发布的《审计署职能配置、内设机构和人员编制规定》中，将组织对党政领导干部的任期经济责任审计作为审计署的一项新增职能明确规定下来。1999 年 5 月 24 日,经党中央、国务院批准,中共中央办公厅、国务院办公厅印发了《县级以下党政领导干部任期经济责任审计暂行规定》和《国有企业及国有控股企业领导人员任期经济责任审计暂行规定》。至此,经济责任审计已逐渐发展成为一个专门的审计门类,具有丰富的内容。2006 年,《审计法》修订时增加了经济责任审计专项条款,经济责任审计法治化。2010 年,为全面深化经济责任审计工作,中共中央办公厅、国务院办公厅印发了《党政主要领导干部和国有企业领导人员经济责任审计规定》(以下简称“两办《规定》”)。中央经济责任审计工作部际联席会议成员单位 2014 年 7 月联合印发了两办《规定》的两办规定《实施细则》。

《中华人民共和国审计法》(以下简称《审计法》)第二十五条对经济责任审计做出了明确的规定。经济责任审计中的经济责任是指当事人基于特定职务而应履行承担的与经济相关的职责、义务。经济责任审计是指审计机关通过对党政领导干部或国有企业及国有控股企业领导人员任期内的地区、部门、单位的财政财务收支、有关经济活动的审计,监督、评价、鉴证其经济责任履行情况的行为。审计结果为干部管理部门考核、任用干部提供依据。

**(一)经济责任审计的依据**

经济责任审计的依据是《审计法》及其实施条例、《中共中央办公厅、国务院办公厅关于印发〈党政主要领导干部和国有企业领导人员经济责任审计规定〉的通知》(中办发〔2010〕32 号)、《审计署关于印发〈深化经济责任审计工作指导意见〉的通知》(审经责发〔2011〕22 号)、《审计署关于内部审计工作的规定》以及国家干部管理的有关规定。我国《审计法》第一条明确规定,《审计法》的立法目的是:加强国家审计监督,维护国家财政经济秩序,促进廉政建设,保障国民经济健康发展。因此,审计机关在整顿党政干部作风、促进廉政建设工作中负有法定的责任。《审计法》第二十五条规定,审计机关按照国家有关规定,对国家机关和依法属于审计机关审计监督对象的其他单位的主要负责人,在任职期间对本地区、本部门或者本单位的财政收支、财务收支以及有关经济活动应负经济责任的履行情况,进行审计监督。《党政主要领导干部和国有企业领导人员经济责任审计规定》第四条规定,领导干部履行经济责任的情况,应当依法接受审计监督。《审计署关于内部审计工作的规定》第十二条规定,内部审计机构或者履行内部审计职责的内设机构应当按照国家有关规定和本单位的要求,对本单位内部管理的领导人员履行经济责任情况进行审计。

**(二)经济责任审计的主体**

经济责任审计的主体是专门的机构或专职人员。同其他审计一样,经济责任审计也必须由专门的机构或专职人员来实施,以保证实施经济责任审计的机构和审计人员在工作和经费上的独立性。从我国开展经济责任审计的实际情况来看,具体承担经济责任审计工作的单位主要有国家审计机关、内部审计机构和社会审计组织。对党政领导干部的任期经济责任审计,一般都由审计机关进行审计,而对国有企业、事业单位,则采取审计机关、内部审计机构和社会审计组织相结合的方法。审计机关可以直接进行审计,也可以由社会审计组织或者内部审计机构进行审计。在经济责任审计工作中,审计机关可以利用内部审计和社会审计的审计成果,并应当加强对内部审计和社会审计业务的指导与监督。

**(三)经济责任审计的客体**

经济责任审计的客体是经济责任人所在部门、单位,审计的对象是所在部门、单位的财政与财务收支。审计监督的本质就是对被审计单位的财政、财务收支情况进行监督检查,是一种综合性的经济监督活动，这是审计监督与组织人事部门、纪检监察机关等直接对作为个体的自然人进行监督的根本区别。因此，经济责任审计的客体不是经济责任人，而是其所在的部门、单位。

## 二、经济责任审计的目的

经济责任审计的目的不同于常规审计。常规审计的主要目的是维护财经法纪、改善经营管理、提高经济效益，其出发点是被审计单位和国家的经济秩序。经济责任审计的主要目的则是分清经济责任人任职期间在本部门、本单位经济活动中应当负有的责任，为组织人事部门和纪检监察机关及其他有关部门考核使用干部或者兑现承包合同等提供参考依据。

## 三、经济责任审计的作用

经济责任审计一经产生就显示了其他审计无法替代的作用，无论是在保护国家财产的安全、完整、保值、增值方面，还是在健全领导干部的监督管理、促进廉政建设方面，都取得了显著的成效，发挥了重要的作用。

### （一）有利于加强干部监督管理，正确评价和使用干部

实施领导干部经济责任审计，倡导定性与定量相结合，联系领导干部任期目标，通过对相关的经济指标等情况进行分析考核，对其任期工作业绩做出评价，能够达到客观、公正地确认其经济业绩，全面评价考核领导干部任期业绩的目的，为正确评价和使用干部提供了依据，同时有利于干部更好地履行职责，防止短期行为。

### （二）揭露和惩治腐败，规范干部行为，促进廉政建设

经济责任审计立足于财政、财务收支审计，落脚点在于查明个人经济责任，既对事又对人，而且审计涉及的领导干部的任职期间一般较长，往往能够发现年度财政、财务收支审计不易发现的问题，有利于揭露和惩治腐败分子。另外，经济责任审计着眼于防范，健全了监督制约机制，有利于发现财务管理漏洞，健全财务管理制度，提高财务管理水平，促使领导干部自我约束、自我完善，增强了纪律观念，促进了廉政建设。

### （三）核实家底，客观、公正地鉴定前后任的经营业绩和经济责任

经济责任审计立足领导干部所在部门和单位的财政与财务收支的真实、合法、效益情况，一方面，能够摸清家底，有利于继任者了解接任单位的真实情况，明确工作思路，缩短适应期，尽快进入角色；另一方面，由于明确了离任者的经济责任，事实上也就划清了前后任的责任，改变了“新官不理旧账，旧官一走了之”的不良状况，有利于工作的交接，从而保持工作的连续性。

## 四、经济责任审计的种类

对经济责任审计进行适当的分类，有助于从各种经济责任审计的不同特点出发，加强经济责任审计的针对性，以便突出重点，抓住主要矛盾，客观、公正地做出审计评价，分清被审计人的经济责任。按照审计的内容、审计的时间、被审计单位的性质，可以将经济责任审计分成如下几类。

**(一)目标经济责任审计和破产经济责任审计**

按照审计的内容,可以将经济责任审计分为目标经济责任审计和破产经济责任审计。目标经济责任审计是指对经济责任人完成其承担的承包目标、租赁目标、任期目标等目标责任情况进行的审计。这类审计主要是根据经济责任人与上级主管部门、发包(或出租)单位或者本级政府部门所签订的承包、租赁合同或目标责任进行审计。审计内容在合同中有明确规定,审计的目标、范围明确且重点突出。

破产经济责任审计是指根据《企业破产法》的规定,主要审查和确认企业破产的原因;确定对企业破产应当承担责任的主要责任人;监督破产企业的财产物资,包括破产清算时资产与负债项目的确认、资产价值的评估、破产资财的变卖和分配等。这种经济责任审计可以全面地对企业的整个破产过程进行审计,确认责任人应当承担的经济责任,保证破产清算的顺利进行。

**(二)事前经济责任审计、事中经济责任审计和事后经济责任审计**

按照审计时间的不同,可以将经济责任审计分为事前经济责任审计、事中经济责任审计和事后经济责任审计。

事前经济责任审计是指在经济责任关系确立之前,对经济责任关系主体的资产、负债及损益的真实、合法、效益情况进行审计,以保证经济责任关系各方合法、合理、正确地确定有关方案和合同,以保证经济责任的合理性、有效性,维护有关经济责任关系各方的合法权益。

事中经济责任审计一般是指在经济责任人任职期间对其进行的审计。在经济责任的履行过程中,审计机构可以根据需要对领导干部或经济责任人经济责任的履行情况进行审查和评价,以检察机关的财务收支、企业的生产经营活动是否存在差错或舞弊行为,督促责任人正确履行经济责任,以便及时发现问题,防患于未然,保障国有资产的安全、完整和保值、增值。事中经济责任审计包括例行的年度审计和不定期的临时性审计。

事后经济责任审计是指在终止经济责任关系或者领导干部调离所在部门、单位后,对其履行经济责任情况进行的审计。例如,当承包、租赁经营合同期满时,对经济责任关系主体的经济活动和经营成果的合法性、真实性、有效性进行审查和评价,确认经济责任履行情况,以解脱责任人所负的经济责任。

**(三)党政领导干部任期经济责任审计和国有企业领导人员任期经济责任审计**

党政领导干部任期经济责任审计和国有企业领导人员任期经济责任审计按照被审计单位性质的不同,可以将经济责任审计分为党政领导干部任期经济责任审计和国有企业领导人员任期经济责任审计。党政领导干部任期经济责任审计主要是指对党政机关、审判机关、检察机关、群众团体和事业单位的党政正职领导干部的任期经济责任审计。国有企业领导人员任期经济责任审计主要是指对国有独资企业、国有资产占控股地位或者主导地位的股份制企业的法定代表人(董事长或总经理)的任期经济责任审计。将经济责任审计分为党政领导干部任期经济责任审计和国有企业领导人员任期经济责任审计,主要是从政企分开的改革思路出发,充分考虑到党政机关与国有企业在工作性质、工作内容、管理体制和运行机制等方面的不同特点,以便审计机关能够分层次、有重点地对党政机关和国有企业实施审计。

## 第二节　经济责任审计的特点、范围、内容

### 一、经济责任审计的特点

#### （一）经济责任审计的基础是财政和财务收支审计

经济责任审计要在财政和财务收支审计的基础上，进一步做到以下几点：查清领导人员任职期间财政和财务收支工作目标完成情况；遵守国家财经法规情况；分清领导干部对本部门与本单位财政和财务收支不真实、资金使用效益差以及违反国家财经法规等问题应该负有的责任；查清领导干部个人在财政和财务收支中有无侵占国家资产、违反领导干部廉政规定和其他违法违纪问题。

#### （二）经济责任审计由审计机关与纪检、组织、监察、人事等部门共同组织

经济责任审计首先要由干部管理部门（一般为组织部门）提出审计意见，经党委、人民政府同意后，再由干部管理部门书面委托审计机关进行。审计机关接受委托后负责具体实施。可见，经济责任审计不单纯是审计机关的工作，而是审计机关与纪检、组织、监察、人事等部门共同承担的工作，并建立经济责任审计工作联席会议制度。参加联席会议的各部门根据各自职责有所侧重：审计部门主要负责组织实施经济责任审计和对审计查出的被审计领导干部所在单位和其他相关单位违反财经法纪行为依法进行处理、处罚；纪检和监察部门主要负责对审计发现的领导干部违反党纪、政纪等问题进行处理；组织和人事部门主要负责确定经济责任审计计划并正确、有效地使用审计结果。

#### （三）经济责任审计对事不对人

经济责任审计是审计监督与干部监督管理相结合的中国特色。经济责任审计既是审计机关的法定职能，又是干部监督管理的重要环节和组成部分。经济责任审计的结果是干部监督管理部门选拔、任用、奖惩干部的重要参考依据，在干部监督管理工作中发挥着重要作用；而其他审计工作作为审计机关的法定职能，通常与干部监督管理工作没有直接关联，这是经济责任审计有别于其他审计工作的重要特征。

#### （四）经济责任审计＝财务审计＋绩效审计

财务审计是对被审计单位的会计凭证、会计账簿及会计报表的真实性、公允性、合法性进行审计监督。绩效审计是对政府行为所产生的经济活动的经济性、效率性、效果性、公平性和环保性进行客观的评价。经济性是以最低费用取得一定质量的资源，是实际所耗费资源与计划所耗费资源之比。效率性是确保以最小的资源投入取得一定数量的产出，或从一定的资源投入中，力争取得最大产出，是实际所耗费资源与实际所得收益之比。效果性是确保一定的经济活动实现预期目标，是实际业绩与计划业绩之比。公平性是投入资源的社会影响、社会秩序的稳定。环保性是对自然资源的有效利用和生态环境的有效维护，是计划所耗费资源与计划业绩之比。

经济责任审计与部门预算执行审计、财政和财务收支审计既有联系，又有区别。其联系在于：部门预算执行审计、财政和财务收支审计是经济责任审计的基础。要评价和鉴证领导干部经济责任履行情况，必须先审核其任职期间财政收支、财务收支以及有关经济活动的真实、合法和效益情况，才能对经济责任履行情况做出公正、客观的评价。

其区别在于:审计的目标不同,经济责任审计的目标是监督、评价和鉴证领导干部经济责任的履行情况,并明确所承担的经济责任;经济责任审计内容更宽泛,包括财政和财务收支、有关经济活动,甚至领导干部个人的经济状况;审计报告的用途不同,经济责任审计报告将提供给干部管理部门,作为考核、任用干部的依据。所以,经济责任审计的程序、工作方法和审计报告与其他审计有所不同。

为提高工作效率,降低审计成本,经济责任审计可利用年度部门预算执行审计、决算审计、财政和财务收支审计结果,以及其他专项审计结果,还可利用内部审计和社会审计结果。凡是经过财政和财务收支审计的年度,除必要的补充审计外,一般不重复审计。

## 二、经济责任审计的范围

审计的范围是审计客体的外延,就是被审计单位。经济责任审计不同于一般的审计监督活动,它是通过审计被审计单位,在对被审计单位的财政与财务收支真实、合法、效益做出评价的同时,对被审计单位法定代表人或者负责人的经济责任做出评价。因此,经济责任审计的范围是被审计单位的法定代表人或者负责人。从目前我国开展经济责任审计的情况来看,经济责任审计的范围如下。

### (一)党政领导干部任期经济责任审计的范围

按照《党政主要领导干部和国有企业领导人员经济责任审计规定》的要求,接受经济责任审计的党政领导干部是:地方各级党委、政府、审判机关、检察机关,中央和地方各级党政工作部门、事业单位和人民团体等单位的党委(含党组、党工委,以下统称党委)正职领导干部和行政正职领导干部,包括主持工作一年以上的副职领导干部。地方各级党委和政府主要领导干部经济责任审计的对象包括:①省、自治区、直辖市和新疆生产建设兵团,自治州、设区的市,县、自治县、不设区的市、市辖区,以及乡、民族乡、镇的主要领导干部;②行政公署、街道办事处、区公所等履行政府职能的政府派出机关的主要领导干部;③政府设立的开发区、新区等的主要领导干部。

地方各级审判机关、检察机关主要领导干部经济责任审计的对象包括地方各级人民法院、人民检察院的党政主要领导干部。

党政工作部门、事业单位和人民团体等单位党政主要领导干部经济责任审计的对象包括:①中央党政工作部门、事业单位和人民团体等单位的主要领导干部;②地方各级党委和政府的工作部门、事业单位和人民团体等单位的主要领导干部;③履行政府职能的政府派出机关的工作部门、事业单位、人民团体等单位的主要领导干部;④政府设立的开发区、新区等的工作部门、事业单位、人民团体等单位的主要领导干部;⑤上级领导干部兼任有关部门、单位的正职领导干部,且不实际履行经济责任时,实际负责本部门、本单位常务工作的副职领导干部;⑥党委、政府设立的超过一年以上有独立经济活动的临时机构的主要领导干部。

### (二)国有企业领导人员任期经济责任审计的范围

按照《审计法》及其实施条例的规定,审计机关对国有企业的资产、负债、损益进行审计监督;对有国有资产的其他企业进行审计监督,则必须是国有和国有资产占控股地位或者主导地位的企业。据此,目前国有企业领导人员任期经济责任审计的范围主要是国有独资企业、国有资产占控股地位或者主导地位的股份制企业的法定代表人。根据党委和政府、干部管理监督部门的要求,审计机关可以对上述企业中不担任法定代表人但实际行使相应职权的董事长、总经理、党委书记等企业主要领导人员进行经济责任审计。

部门、单位(含垂直管理系统)内部管理领导干部的经济责任审计,由部门、单位负责组织实施(例如黄委系统)。

经济责任审计可根据审计力量进行全面审计,或重点抽查。

经济责任审计的时间范围,除任期内各年度外,重大问题可以追溯到以前年度。

## 三、经济责任审计的内容

两办《规定》第十四条要求,经济责任审计应当以促进领导干部推动本地区、本部门(系统)、本单位科学发展为目标,以领导干部守法、守纪、守规、尽责情况为重点,以领导干部任职期间本地区、本部门(系统)、本单位财政收支、财务收支以及有关经济活动的真实、合法和效益为基础,严格依法界定审计内容。

### (一)党政领导干部任期经济责任审计的主要内容

两办《规定》地方各级党委和政府主要领导干部经济责任审计的主要内容是:本地区财政收支的真实、合法和效益情况,国有资产的管理和使用情况,政府债务的举借、管理和使用情况,政府投资和以政府投资为主的重要项目的建设和管理情况,对直接分管部门预算执行和其他财政收支、财务收支以及有关经济活动的管理和监督情况。

#### 1. 地方各级党委主要领导干部经济责任审计的主要内容

按照两办《规定》,地方各级党委主要领导干部经济责任审计的主要内容如下:

(1)贯彻执行党和国家、上级党委和政府重大经济方针政策及决策部署情况;

(2)遵守有关法律法规和财经纪律情况;

(3)领导本地区经济工作,统筹本地区经济社会发展战略和规划,以及政策措施制定情况及效果;

(4)重大经济决策情况;

(5)本地区财政收支总量和结构、预算安排和重大调整等情况;

(6)地方政府性债务的举借、用途和风险管控等情况;

(7)自然资源资产的开发利用和保护、生态环境保护以及民生改善等情况;

(8)政府投资和以政府投资为主的重大项目的研究决策情况;

(9)对党委有关工作部门管理和使用的重大专项资金的监管情况,以及厉行节约反对浪费情况;

(10)履行有关党风廉政建设第一责任人职责情况,以及本人遵守有关廉洁从政规定情况;

(11)对以往审计中发现问题的督促整改情况;

(12)其他需要审计的内容。

#### 2. 地方各级政府主要领导干部经济责任审计的主要内容

(1)贯彻执行党和国家、上级党委和政府、本级党委重大经济方针政策及决策部署情况;

(2)遵守有关法律法规和财经纪律情况;

(3)本地区经济社会发展战略、规划的执行情况,以及重大经济和社会发展事项的推动和管理情况及其效果;

(4)有关目标责任制完成情况；

(5)重大经济决策情况；

(6)本地区财政管理，以及财政收支的真实、合法、效益情况；

(7)地方政府性债务的举借、管理、使用、偿还和风险管控情况；

(8)国有资产的管理和使用情况；

(9)自然资源资产的开发利用和保护、生态环境保护以及民生改善等情况；

(10)政府投资和以政府投资为主的重大项目的研究、决策及建设管理等情况；

(11)对直接分管部门预算执行和其他财政收支、财务收支及有关经济活动的管理和监督情况，厉行节约反对浪费情况，以及依照宪法、审计法规定分管审计工作情况；

(12)机构设置、编制使用以及有关规定的执行情况；

(13)履行有关党风廉政建设第一责任人职责情况，以及本人遵守有关廉洁从政规定情况；

(14)对以往审计中发现问题的整改情况；

(15)其他需要审计的内容。

3. 党政工作部门、审判机关、检察机关、事业单位和人民团体等单位主要领导干部经济责任审计的主要内容

(1)贯彻执行党和国家有关经济方针政策和决策部署，履行本部门(系统)、单位有关职责，推动本部门(系统)、单位事业科学发展情况；

(2)遵守有关法律法规和财经纪律情况；

(3)有关目标责任制完成情况；

(4)重大经济决策情况；

(5)本部门(系统)、单位预算执行和其他财政收支、财务收支的真实、合法和效益情况；

(6)国有资产的采购、管理、使用和处置情况；

(7)重要项目的投资、建设和管理情况；

(8)有关财务管理、业务管理、内部审计等内部管理制度的制定和执行情况，以及厉行节约反对浪费情况；

(9)机构设置、编制使用以及有关规定的执行情况；

(10)对下属单位有关经济活动的管理和监督情况；

(11)履行有关党风廉政建设第一责任人职责情况，以及本人遵守有关廉洁从政规定情况；

(12)对以往审计中发现问题的整改情况；

(13)其他需要审计的内容。

由于我国各地区、各部门和各单位领导干部类别多、差异大，不同地区、不同类型的部门、事业单位和社团组织领导干部经济责任的内容不尽一致，因此党政领导干部经济责任审计的内容和重点也不尽相同。审计机关应当根据领导干部职责权限和履行经济责任的情况，结合地区、部门(系统)、单位的实际，依法依规确定审计内容。审计人员在确定经济责任审计内容时应把握以下原则：一是结合该领导干部的经济责任，反映履职期间的行政效果和经营效果，如管理的各种资金运行情况，资产管理状况，有关经济目标的完成情况，所管辖的地区、部门和单位的经济发展状况，所产生的经济效益和社会效应，本人的廉政情况。二

是反映任职期间贯彻国家有关经济政策、法律法规情况,反映行政能力、经营能力和管理水平。三是满足干部管理部门的特殊要求。审计机关在实施审计时,应当充分考虑审计目标、干部管理监督需要、审计资源与审计效果等因素,准确把握审计重点。

**(二)国有企业领导人员经济责任审计的主要内容**

国有企业领导人员经济责任审计的主要内容包括本企业财务收支的真实、合法和效益情况,有关内部控制制度的建立和执行情况,履行国有资产出资人经济管理和监督职责情况。

两办规定《实施细则》确定国有企业领导人员经济责任审计的主要内容如下:

(1)贯彻执行党和国家有关经济方针政策和决策部署,推动企业可持续发展情况;

(2)遵守有关法律法规和财经纪律情况;

(3)企业发展战略的制定和执行情况及其效果;

(4)有关目标责任制完成情况;

(5)重大经济决策情况;

(6)企业财务收支的真实、合法和效益情况,以及资产负债损益情况;

(7)国有资本保值增值和收益上缴情况;

(8)重要项目的投资、建设、管理及效益情况;

(9)企业法人治理结构的健全和运转情况,以及财务管理、业务管理、风险管理、内部审计等内部管理制度的制定和执行情况,厉行节约反对浪费和职务消费等情况,对所属单位的监管情况;

(10)履行有关党风廉政建设第一责任人职责情况,以及本人遵守有关廉洁从业规定情况;

(11)对以往审计中发现问题的整改情况;

(12)其他需要审计的内容。

## 第三节　经济责任审计的基本程序与评价方法

### 一、经济责任审计的基本程序

经济责任审计程序与常规审计基本相同,工作方法应运用常规审计方法,如检查、监盘、观察、查询、函证、计算等。但经济责任审计程序又有一定特殊性。

**(一)审计项目的选择与确立**

审计机关根据党委、经济责任审计领导机构和组织、人事、纪检、监察部门委托,确立审计项目和审计工作计划。

领导干部任期经济责任审计前,干部管理机关应当以书面形式向审计机关出具委托书。委托书的内容应当包括审计对象、范围、重点及有关事项。审计机关可以直接进行审计,也可以由社会审计组织或上级内部审计机构进行审计。按照干部管理权限和审计管辖范围,分级分层次组织实施。具体办法由审计机关与领导人员管理机关共同协商决定。

审计应考虑的因素:预计的审计作用、财务的重要性、管理方面的风险、对于被审计单位或组织的重要意义、政治敏锐性或者对于单位的重要性、以往被监督检查的经历、可审性。

**（二）主要审计环节**

（1）组织审计力量并形成审计小组。

（2）审前调查。

审前调查的主要内容如下：①被审计单位基本情况，如机构设置、隶属关系、规模特点等；②领导干部职责分工情况；③财务收支基本情况和内部控制设置、运行情况；④领导干部任职期间发布的财经工作规范文件；⑤被审计单位相关年度审计档案，了解存在的问题及改正情况。

审计机关在实施审计之前，应听取纪检、监察、企业领导人员管理机关、企业监事会等有关部门对被审计的企业及其领导人员的意见，纪检、监察、企业领导人员管理机关、企业监事会等部门应当向审计机关通报有关情况。

（3）制订审计方案。

审计方案包括以下内容：审计依据，审计目标，被审计单位的基本情况，审计的范围、内容、重点、方式、步骤、工作时间、人员分工，重要性确定与风险评估，其他内容。

任期经济责任审计应当按计划进行，每年年底前，单位领导人员管理机关提出下一年度任期经济责任审计的建议计划，与审计机关共同协商，列入审计机关年度审计项目计划。在年度审计项目计划执行中，因干部管理和监督工作的需要，确需增加审计项目，应由单位领导人员管理机关与审计机关共同协商，在审计机关力量许可范围内安排。

（4）下达审计通知书与审计承诺书。

要求被审计单位和被审计领导干部提供相关资料。应在实施审计前3日，向审计单位送达审计通知书，同时抄送被审计领导干部。

审计通知书下达后，被审计的领导干部所在单位应当按照审计机关的要求，及时并如实提供有关资料，包括：单位计划、财务会计资料、统计资料及经济活动分析资料；现行企业章程、管理制度、年度经营计划；重要的经济合同、协议及与企业经营管理相关的办公会议纪要（记录）和年度工作总结；经济监督部门对单位的检查报告、处理意见及单位整改情况等资料。被审计领导干部应当按照要求，写出自己负有主管责任和直接责任的经济事项的书面材料（述职报告），并于审计工作开始后5日内送交审计组。

被审计领导干部向审计组提交的书面材料如下：①审计领导干部的职责范围；②被审计领导干部任职期间与单位经济目标责任有关的各项经济指标的完成情况，被审计领导干部遵守国家财经法规和廉政规定的情况；③企业领导人员遵守国家财经法规和廉政规定的情况；④应当向审计组说明的其他情况。

被审计领导干部应当对所提供资料的真实性、完整性做出书面承诺。对提供虚假材料的有关责任人，可以建议单位领导干部管理机关或纪检监察机关给予必要的组织处理或党纪政纪处分。

（5）召开进点会与张贴审计告示。

参加进点会的人员主要有：经济责任审计项目组组长、主审、被审计领导干部、现任企业主要负责人、单位相关部门负责人员（包括审计、财务、人事等部门的负责人）、单位总部所在地的所属单位主要负责人和其他相关人员。

召开进点会应注意的问题如下：①审计项目人员应与被审计单位及时沟通，协商召开进点会的时间；②认真做好有关准备工作，准时参加会议；③在进点会上，审计项目组应明确审计的目的、范围、程序、时间安排和工作要求等内容；④召开进点会后，应与参会人员进行个别谈话，单位应按照审计项目组要求发布或张贴审计公告。

(6)接受被审计单位和被审计人提供的资料，调查取证并审核资料，形成审计工作底稿，重大问题请示报告。

(7)审计终结。

审计组实施审计后，应当向审计机构提交审计报告。审计报告报送审计机关前，应当征求被审计的企业领导人员所在单位及本人的意见。审计组应对其提出的审计报告承担有关责任。

审计报告的内容如下：①实施审计工作的基本情况；②被审计领导干部的职责范围和与所在单位经济目标责任制有关的各项经济指标的完成情况；③审计中发现违反国家财经法规和领导干部廉政规定的主要问题；④被审计领导干部对审计发现的违反国家财经法规和领导干部廉政规定问题应负有的领导责任、主管责任和直接责任；⑤被审计领导干部及其所在单位存在的违反国家财经法规问题的处理、处罚意见和改进建议；⑥要反映的其他情况。

(8)审计处理、审计处罚和审计建议。

审计机构审定审计报告后，审计机构对被审计的领导干部及其所在单位违反财经法规问题，应在法定职权范围内做出处理决定，或向主管部门提出处理、处罚意见；认为需要依法给予处理、处罚的，应在法定职权范围内做出审计决定或者向有关主管机关提出处理建议，同时对被审计领导干部任期内的经济责任做出客观评价，向本单位干部管理机构和有关部门提交被审计领导干部任期经济责任审计结果报告。

审计机构审定审计报告后，向本级党委提交审计结果报告，并附被审计领导干部及其所在单位的意见，同时抄送单位领导人员管理机构、纪检监察机关及企业监事会等有关部门。

### (三)经济责任审计成果的利用

经济责任审计能否发挥应有的作用，关键在于审计成果的正确处理和运用。审计机关实施经济责任审计后，应当对领导干部所在单位、部门违反财经法规的问题依法做出处理，对领导干部本人任期内的经济责任做出客观评价。向单位本级提交领导干部任期经济责任审计结果报告，同时抄送同级组织人事部门、纪检监察机关和有关部门。组织人事部门接到审计机关提交的领导干部任期经济责任审计结果报告后，应当将其作为对领导干部的调任、免职、辞职、退休等提出审查处理意见时的参考依据。应当给予党纪政纪处分的，由任免机关或纪检监察机关处理；应当依法追究刑事责任的，移送司法机关处理。

## 二、基本评价方法

### (一)主观因素与客观因素分析

对具体行为或事项进行主客观分析，推究其具体的主客观成因，分析该具体行为或事项是成因于领导干部的主观过错，还是成因于客观因素的影响，进而做出审计评价。主观因素是责任人为谋取私利及小团体利益，滥用职权、徇私舞弊、官僚主义、玩忽职守等。客观因素包括来自外部的行政干预、国家宏观政策调整、国家税收政策变化、价格变动、市场需求变化、自然灾害等。对于领导干部任职期间的重大决策失误，要分析是否遵循了正常的决策程序，属于客观原因的，应在审计评价中给予分析说明。

**（二）正确区分不同责任**

领导干部的责任有现任责任与前任责任、个人责任与集体责任、直接责任与主管责任之分，正确区分不同责任之间的界限和不同责任人之间的界限，使审计评价做到责任明确清楚、客观公正。

**（三）量化指标比较分析**

良好的指标比较分析是运用能够反映领导干部履行经济责任情况的相关经济指标，分析其完成情况。比较方法有纵向比较和横向比较。纵向比较是上任时与离任时的业绩比较，横向比较是将相关业绩与同行业的一般状况比较。

## 第四节　黄委经济责任审计

黄委水文局审计处自成立以来，按照上级要求开展领导干部经济责任审计工作，审计主要依据《黄河水利委员会领导干部经济责任审计办法》。2016 年，为进一步规范黄委经济责任审计工作，黄委审计局在原有基础上，根据《党政主要领导干部和国有企业领导人员经济责任审计规定》及其“实施细则”、《水利部领导干部经济责任审计规定》、《黄河水利委员会内部审计工作规定》，制定印发了《黄河水利委员会领导干部经济责任审计办法》（黄水党〔2016〕46 号）（以下简称《办法》）。这里所讲的经济责任，是指黄河水利委员会所属单位主要负责人在其职权范围内，依法对本单位及所属单位的各项经济活动应当履行的职责、义务。

### 一、黄委经济责任审计的概念和对象

**（一）经济责任审计的概念**

经济责任审计是指审计机关依法依规对党政主要领导干部和国有企业领导人员经济责任履行情况进行监督、评价和鉴证的行为。

**（二）经济责任审计对象**

两办规定《实施细则》在两办《规定》的基础上，明确以下领导干部为经济责任审计的审计对象：一是地方各级党委、政府、审判机关、检察机关，中央和地方各级党政工作部门、事业单位和人民团体等单位的党委（党组、党工委）正职领导干部和行政正职领导干部；二是行政公署、街道办事处等履行政府职能的政府派出机关的主要领导干部，政府设立的开发区、新区等的主要领导干部，以及党委、政府设立的超过一年以上有独立经济活动的临时机构的主要领导干部等。

根据两办《规定》的规定，国有和国有资本占控股地位或者主导地位的国有企业（含金融企业）的法定代表人属于经济责任审计的对象。两办规定《实施细则》在此基础上，进一步明确：根据党委和政府、干部管理监督部门的要求，审计机关可以对上述企业中不担任法定代表人但实际行使相应职权的董事长、总经理、党委书记等企业主要负责人进行经济责任审计。将不担任法定代表人的董事长、总经理、党委书记等企业主要负责人纳入经济责任审计对象范围的主要原因是，虽然这些主要负责人并未担任企业法定代表人，但实际履行企业经营管理等重要职责，并对企业重大决策和经营发展起着重要作用，应当对其进行经济责任审计。

两办规定《实施细则》规定，根据地方党委、政府的要求，审计机关可以对村党组织和村民委员会、社区党组织和社区居民委员会的主要负责人进行经济责任审计。

《办法》第二条规定，黄委经济责任审计对象是委属各级事业、企业单位主要负责人，包括主要正职领导干部或者主持工作一年以上的副职领导干部（俗称“一把手”，双配正职一般指主持工作者）。

经济责任形式上具有法定性，即基于审计对象所在单位“三定”方案（企业公司章程）明确的主要职责和单位领导班子成员分工等；内容上具有综合性，审计对象主持单位全面工作，是单位经济责任的第一责任人，其中“五不分管”规定（一把手不直接分管单位财务、人事、物资采购、项目管理、行政审批等工作）是对一把手权力的约束和限制，并不是对其应当承担责任的排除或减轻；界定上具有关联性，即指与单位经济活动相关联的职责和义务，并根据审计对象在有关经济问题发生中实际起到的作用来界定责任。

## 二、经济责任审计的依据和方式

### （一）黄委经济责任审计的依据

领导干部履行经济责任的情况，应当依法接受审计监督。审计监督权是国家法律法规和有关部门规章赋予的，审计部门坚持依法依规开展经济责任审计，审计对象依法接受审计监督，所在单位依规支持配合审计监督。我国《审计法》第一条明确规定，《审计法》的立法目的是：加强国家审计监督，维护国家财政经济秩序，促进廉政建设，保障国民经济健康发展。因此，审计机关在整顿党政干部作风、促进廉政建设工作中负有法定的责任。《审计法》第二十五条规定，审计机关按照国家有关规定，对国家机关和依法属于审计机关审计监督对象的其他单位的主要负责人，在任职期间对本地区、本部门或者本单位的财政收支、财务收支以及有关经济活动应负经济责任的履行情况，进行审计监督。《党政主要领导干部和国有企业领导人员经济责任审计规定》第四条规定，领导干部履行经济责任的情况，应当依法接受审计监督。《审计署关于内部审计工作的规定》第十二条规定，内部审计机构或者履行内部审计职责的内设机构应当按照国家有关规定和本单位的要求，对本单位内部管理的领导人员履行经济责任情况进行审计。党的十八届四中全会提出，对领导干部履行经济责任情况实行审计全覆盖。

### （二）黄委经济责任审计的方式

《办法》规定，根据工作需要，审计机构可以在领导干部任职期间进行任中经济责任审计，也可以在领导干部不再担任所任职务时进行离任经济责任审计。经济责任审计应当坚持任中审计与离任审计相结合，对单位主要负责人任期内至少开展一次经济责任审计，逐步实现领导干部经济责任审计全覆盖。《办法》明确，对委属单位主要负责人任期内至少开展一次经济责任审计，其中对重点单位及任期较长的领导干部，要适时开展任中审计，监督关口前移，及时发现和解决问题，增强审计时效，避免“秋后算账”。

## 三、经济责任审计的权限和实施

### （一）经济责任审计的权限

《办法》第四条规定，经济责任审计对象依照干部管理权限，根据领导干部所在单位财务隶属关系、国有资产监督管理关系确定。在统一要求的前提下，分级负责。未单独设置审计机构的委属单位的经济责任审计工作，由承担内部审计任务的职能部门负责完成。黄委直属单位中，由水利部管理干部的经济责任审计，由水利部审计部门或授权委审计部门组织实施。委管干部的经济责任审计，由委审计部门或授权直属单位审计部门组织实施。其他领导干部的经济责任审计，按照干部管理权限，分级组织实施。

与其他审计按照被审计单位的财务隶属关系或者国有资产监督管理关系来确定审计对象不同，经济责任审计对象是领导干部，确定原则是依照干部管理权限实行分级负责，并与干部任职单位财务隶属关系或者国有资产监督管理关系适当结合。授权审计时，上级审计部门要下达审计授权书并给予审计工作必要的指导，下级审计部门应及时上报审计报告并接受上级审计部门的业务指导。例如，对于水文局局管干部的任期经济责任审计，由局审计处组织实施，包括各局属单位主要负责人（目前，水文局共有 14 个单位主要负责人由审计处负责组织开展任期经济责任审计，包括 6 个基层局、勘察测绘局、机关服务中心、研究院和 5 家企业）。基层勘测局主要负责人的任中经济责任审计由其上级水文水资源局监审科组织实施，向水文局审计处报备，其离任审计由水文局审计处组织实施（或委托其上级水文水资源局监审科组织实施）。

**（二）经济责任审计的实施**

鉴于审计对象的特殊性，经济责任审计一般不向社会中介机构委托审计任务。对审计中个别专业性较强的工作，自身力量难以满足审计需要时，经审计部门主要负责人批准，可以聘请具备相应资质的社会中介机构承担相关专业工作，其审计成果由审计部门审核运用。各级主管单位应当保证审计部门开展经济责任审计所必需的专业人员和工作经费。参加经济责任审计的人员要保持审计的独立性，遵循内部审计准则和审计程序，遵守各项审计工作纪律，与审计对象及其所在单位划清利益关系和利害关系，尽职尽责、廉洁从审、敢于担当，确保审计成果实事求是、客观公正。

## 四、经济责任审计联席会议

**（一）联席会议的概念**

经济责任审计联席会的全称为“经济责任审计工作联席会议”。两办《规定》第十条明确要求，各级党委和政府应当加强对经济责任审计工作的领导，建立经济责任审计工作联席会议（以下简称联席会议）制度。联席会议由纪检、组织、审计、监察、人力资源社会保障和国有资产监督管理等部门组成。联席会议下设办公室，与同级审计机关内设的经济责任审计机构合署办公，负责日常工作。联席会议办公室主任为同级审计机关的副职领导或者同职级领导。

黄委《办法》要求，各级主管单位应当加强对经济责任审工作的领导，建立健全经济责任审计工作联席会议（以下简称联席会议）制度。联席会议召集人一般由单位主要负责人担任，成员由组织人事、纪检监察、财务、审计等部门主要负责人组成。各单位可结合实际情况适当调整联席会议成员。联席会议下设办公室，与本单位审计部门合署办公，联席会议办公室主任由审计部门主要负责人或承担内部审计任务的部门负责人担任。黄委各级主管单位（有所属法人单位或独立核算的非法人单位）均应加强联席会议制度建设，联席会议召集人一般由单位主要负责人担任，以确保审计部门更有效地履行审计监督职责。

### （二）联席会议的职责

联席会议的主要职责一般包括：指导、检查所辖地区和单位的经济责任审计工作；协调所辖地区和单位的经济责任审计工作；交流和通报经济责任审计情况；研究、解决经济责任审计中的困难与问题；其他相关职责。参加联席会议的各部门根据各自职责有所侧重。审计部门主要负责组织实施经济责任审计和对审计查出的被审计领导干部所在单位和其他相关单位违反财经法纪行为依法进行处理、处罚；纪检、监察部门主要负责对审计发现的领导干部（领导人员）违反党纪、政纪等问题进行处理；组织、人事部门主要负责确定经济责任审计计划并正确、有效地使用审计结果。

黄委各级主管单位（有所属法人单位或独立核算的非法人单位）均应加强联席会议制度建设，联席会议召集人一般由单位主要负责人担任，以确保审计部门更有效地履行审计监督职责。

联席会议主要负责制定审计制度、确定审计计划、审定审计结果等工作。各主管单位可结合自身机构设置和实际工作需要调整联席会议成员，各成员部门要相互协作，发挥管理监督合力。

黄委《办法》第九条规定，联席会议的主要职责是研究制定本单位有关经济责任审计的制度办法，研究确定年度经济责任审计计划及重点内容，审定经济责任审计报告（以下简称审计报告）和审计结果报告，协调解决审计工作中的相关问题。

1. 组织人事部门职责

组织人事部门负责向审计部门提供审计对象的基本情况，与审计部门共同研究年度经济责任审计计划草案，派人参加阶段性审计工作；负责整理审计对象年度考核情况，核查审计对象年度收入（薪酬）政策执行情况，分析审计对象所在单位职工年度收入情况，督促落实联席会议确定的相关整改事项。

2. 纪检监察部门职责

纪检监察部门负责向审计部门提供审计对象廉洁自律及其所在单位党风廉政建设有关情况，派人参加阶段性审计工作；负责整理审计对象廉政考核情况，整理已经结案的与审计对象有关的经济案件结果，调查核实来信来访中涉及审计对象经济方面问题和相关经济案件线索，督促落实联席会议确定的相关整改事项。

3. 财务部门职责

财务部门负责向审计部门提供单位年度预算决算、国有资产监督管理、直属国有和国有控股企业绩效评价结果以及财务监督检查结果等情况，督促落实联席会议确定的相关整改事项。

4. 审计部门职责

审计部门负责联席会议办公室日常工作。负责研究起草本单位有关经济责任审计的制度和文件；与组织人事部门研究提出年度经济责任审计计划草案；组织实施经济责任审计，对审计发现问题提出处理意见和移交建议；向联席会议通报经济责任审计工作开展情况；督促落实联席会议确定的相关事项。

为加强水文局经济责任审计工作，正确评价局管干部任期内履行经济责任情况，确保审计质量，水文局制定印发了《水文局审计领导干部经济责任审计联席会议制度》。

## 五、经济责任审计内容

审计部门和纪检监察、组织人事等部门在干部管理和监督中承担着不同的职责。经济责任审计内容仅限于审计对象有关经济活动职责的履行情况，以审计对象守法、守纪、守规、尽责情况为重点，以其所在单位财务收支以及有关经济活动的真实、合法和效益为基础，结合干部管理监督情况界定审计内容，既不能“缺位”，也不能“越位”。

经济责任审计内容相对宽泛，要注意突出重点，关注审计对象履行经济责任的过程和效果，不能仅仅局限于财务收支以及经济活动具体事项，更不能停留在财务会计基础工作层面。从防范管理风险的角度，要关注内控制度建设和执行情况；从权力运行约束的角度，要关注重大经济决策程序及其经济效益；从加强党风廉政建设的角度，要关注审计对象廉洁自律情况；从巩固审计成效的角度，要关注以往监督检查发现的主要问题的整改情况。

黄委《办法》第十四条规定，经济责任审计内容应当根据领导干部职责权限和履行经济责任情况，结合单位实际，依法依规确定。

黄委《办法》第十五条规定，事业单位领导干部经济责任审计主要内容包括：

(1)贯彻落实上级党组重大经济改革及部署情况；

(2)遵守有关法律法规和财经纪律情况；

(3)上级下达定量经济指标完成情况；

(4)重大经济决策和专项资金使用管理情况；

(5)部门预算执行和财务收支的真实、合法、效益情况；

(6)单位债权债务情况和国有资产使用管理情况；

(7)重大基本建设项目的投资、建设和管理情况；

(8)内部控制制度制定和执行及厉行节约反对浪费情况；

(9)领导干部本人遵守有关廉洁从政规定情况；

(10)对前任及本任期历次审计发现问题的督促整改情况；

(11)其他需要审计的内容。

第十六条规定，国有企业领导人员经济责任审计主要内容包括：

(1)贯彻落实上级党组重大经济改革及部署情况；

(2)遵守有关法律法规和财经纪律情况；

(3)企业发展战略的制定和执行情况及其效果；

(4)上级下达定量经济指标完成情况；

(5)重大经济决策及主要投资效益情况；

(6)企业财务收支的真实、合法、效益及资产负债情况；

(7)国有资本保值增值和收益分配情况；

(8)内部控制制度制定和执行及厉行节约反对浪费情况；

(9)领导人员本人遵守有关廉洁从业规定情况；

(10)对前任及本任期历次审计发现问题的督促整改情况；

(11)其他需要审计的内容。

## 六、经济责任审计计划

经济责任审计应当根据年度审计计划实施，要立足现有审计部门可以有效调动的资源，并适应干部管理监督和干部调整变动需要。因此，经济审计计划要留有一定余地，避免计划任务过重影响审计质量和审计成效。确需调整经济责任审计计划的，要履行必要的审批程序。根据党组（党委）及干部管理监督部门要求，可以对国有企业董事长以外实际履行经济职责的主要领导人员同步实施经济责任审计。

黄委《办法》第十七条规定，审计计划要坚持“积极稳妥、量力而行、提高质量、防范风险”的原则，科学合理地确定审计计划。审计部门商组织人事部门提出经济责任审计计划草案，经联席会议研究确定后纳入审计部门年度审计工作计划。

经济责任审计计划一经本单位联席会议批准，一般不予变更。因工作需要确需调整计划的，由组织人事部门商审计部门并报请联席会议召集人批准同意后，审计部门予以调整。遇有领导干部被有关部门依法依规采取强制措施、立案调查或者死亡等特殊情况，以及不宜再继续进行经济责任审计的其他情形的，一般不再纳入经济责任审计计划，已经纳入的可按照程序予以调整。对国有企业董事长、总经理等企业主要负责人的经济责任审计计划，可以同步安排，分别认定责任，分别出具审计报告和审计结果报告。

水文局目前的做法是：由局审计处与人劳部门、纪检监察部门沟通，根据领导干部管理、任职情况，提出年度领导干部经济责任审计工作草案，经主管局长同意，列入年度工作计划，局党组下文委托，审计处适时实施。

## 七、经济责任审计程序

经济责任审计程序与常规审计基本相同，工作方法应运用常规审计方法，如检查、监盘、观察、查询、函证、计算等。但经济责任审计程序又有一定特殊性。

### （一）准备阶段

审计部门应选择能力适当的人员组成经济责任审计组，全面落实审计组长负责制和主审制。审计方案应在进行审前调查、评估审计风险的基础上制订，并经审计部门主要负责人批准。审计通知书一般应提前送达，留给审计对象及其所在单位一定的审计准备时间。

#### 1. 组成审计组

审计部门依据党组、联席会议确定的经济责任审计计划，以审计部门为主，有关部门共同参与组成经济责任审计组，实施经济责任审计。参加经济责任审计的人员应当具有必要的专业知识和工作能力。

#### 2. 经济责任审计组实行组长负责制和主审制

组长应当由审计部门主要负责人或者具有相应职级的人员担任。主审可以由组长兼任，也可以由组长另行指定。组长主持审计组全面工作，负责审定审计工作方案、审计工作底稿，组织编写审计报告，控制审计进度和质量，沟通协调有关问题，监督审计纪律执行。主审协助组长工作，负责拟订审计工作方案、审计现场业务指导、审核审计工作底稿、组织起草审计报告。

#### 3. 审前调查

审计组在实施审计前，应当开展审前调查，了解审计对象及其所在单位基本情况，向纪检监察、组织人事部门了解有关信访举报情况，评估审计风险，确定审计重点（审计处审前调查的内容：被审计人任职情况、所在单位基本情况、机构设置、领导干部职责分工、单位账务设置、内部控制制度的建立和执行、资产负债等情况等）。并听取干部管理、纪检监察等有关部门的意见，了解、收集与被审计领导干部有关的资料及情况。

4. 制订审计工作方案

审计组应当在审前调查的基础上，制订审计工作方案。审计工作方案的主要内容包括：审计依据、审计对象及其所在单位概况、审计范围和审计重点、延伸审计安排、审计时间安排、审计组成员及分工等（见例 7-1）。

审计工作方案经审计部门主要负责人批准后，作为实施领导干部经济责任审计的依据。涉及审计范围变动需要调整审计方案的，应当报请审计部门负责人批准。

5. 下达审计通知书

审计部门一般应在审计组进驻审计现场 3 个工作日前，向审计对象所在单位送达审计通知书，同时抄送审计对象本人，特殊情况下也可现场送达。审计通知书内容包括审计依据、审计范围、进驻时间、审计准备、审计人员等（见例 7-2）。

【例 7-1】

## 黄河水利委员会经济责任审计工作方案

<table>
<tr><td colspan="2">被审计单位</td><td colspan="4">××单位</td></tr>
<tr><td colspan="2">被审计领导干部</td><td>×××</td><td>审计依据</td><td colspan="2">黄党〔2016〕46 号、黄水党便〔2018〕1 号</td></tr>
<tr><td>被审计单位<br>基本情况</td><td colspan="5"></td></tr>
<tr><td>审计范围<br>内容重点</td><td colspan="5"></td></tr>
<tr><td>延伸审计<br>单位或事项</td><td colspan="5">（根据审计进展情况确定）</td></tr>
<tr><td>审计方式</td><td colspan="5">就地审计（审计的基本程序和方法详见附页一）</td></tr>
<tr><td rowspan="4">时间安排</td><td>准备阶段</td><td colspan="4"></td></tr>
<tr><td>进点日期</td><td colspan="4"></td></tr>
<tr><td>实施阶段</td><td colspan="4"></td></tr>
<tr><td>报告阶段</td><td colspan="4"></td></tr>
<tr><td>审计组成<br>员与分工</td><td colspan="5">组长：<br>主审：<br>成员：</td></tr>
<tr><td colspan="2">审计部门负责人<br>审批意见</td><td colspan="2"></td><td>审批人签名</td><td></td></tr>
</table>

编制人：　　　　　　　　　　　　　　　　编制日期：

附页一

## 审计的基本程序和方法

1. 审前调查，制订审计工作方案，确定审计的范围、内容，审计组人员组成和分工。

2. 进行审前预告，送达审计通知书到被审计人所在单位，并抄送被审计人。被审计人所在单位和被审计人按照《黄河水利委员会领导干部经济责任审计办法》（黄党〔2016〕46 号）第三十条规定的内容和审计通知书的要求做好迎审准备，并提供审计工作所需要的资料以及经济责任审计承诺书。

3. 适时召开审计进点会及被审计人所在单位干部职工代表座谈会，向被审计人所在单位及被审计人介绍实施审计的有关安排和要求，听取被审计人述职述廉，并广泛听取干部职工对被审计人述职报告和履行经济责任的意见。

4. 审核任职期内被审计人所在单位的会计凭证、账簿、报表、经济合同以及目标考核、内部控制制度、廉政建设、重大经济决策制定及执行情况等资料，做好审计记录，撰写审计底稿，搜集有关资料。

5. 整理、汇总审计工作底稿及有关资料，起草经济责任审计报告。

6. 向被审计人所在单位、被审计人征求对经济责任审计报告的意见。如存有异议，审计组应认真进行研究、核实，必要时修改审计报告。

7. 适时召开联席会议，讨论经济责任审计报告。根据联席会议讨论情况，修改完善经济责任审计报告。

8. 审计处出具经济责任审计结果报告，对被审计人的经济责任履行情况进行客观公正的评价。

9. 经济责任审计结果报告连同被审计人所在单位、被审计人意见呈报局领导审阅。同时抄送局人劳处、监察处。

10. 下达经济责任审计意见书或者审计决定，交被审计人和被审计人所在单位执行。被审计人和被审计人所在单位要在规定的时间内，向审计处反馈执行情况。

附页二

## 人员分工

审计组组长：×××

为该审计项目负责人，负责审计组全面工作及审计业务技术工作。负责审计底稿的审定和审计报告及审计结果报告的审核。

审计组副组长：×××

协助审计组组长工作，审计组组长不在时，负责审计组全面工作及审计业务技术工作。

主审：×××

撰写审计方案，下达审计预告及审计通知书。现场审计期间负责全面调查收集审计报告所需要的各项资料、数据、文件等；2009 年以来审计决定落实情况检查；撰写审计报告、审计结果报告及其审计意见或审计决定。

审计组成员：×××

主要负责事业费收支、预算执行、水利基金、目标任务完成情况、内控制度建设、固定资产保值增值情况审计、部门预算报表审核及审计内容基本情况的整理。

审计组成员：×××

主要负责基本建设投资及其完成情况、水利基金建设、专项资金管理及完成情况、重大经济合同审查、基建报表审核及审计内容基本情况的整理。

审计组成员：×××

主要负责经营创收审计及所属企业经营情况审计，企业报表审核及审计内容基本情况的整理。

【例7-2】

# 黄河水利委员会审计通知书

黄水审通〔201×〕×号

根据水文局党组《关于对×××同志进行任中经济责任审计的通知》（黄水党便〔201×〕×号），我处拟派出审计组，自201×年×月×日起对你单位×××同志进行任中经济责任审计。审计依据《黄河水利委员会领导干部经济责任审计办法》（黄党〔2016〕46号）的有关规定进行。审计时限为201×年×月至201×年×月。请你单位及×××同志按照有关要求，做好审前准备并提供必要的工作条件。

201×年×月×日

抄送：×××同志

附件：被审计人及被审计单位应准备和提供的资料

**（二）实施阶段**

1.经济责任审计预告制度

审计组到达审计现场后，应当及时在审计对象所在单位发布审计预告。审计预告除公告审计通知书相关内容外，还要公布审计配合要求、审计工作纪律、审计组联系电话和电子信箱。

【例7-3】

# 黄河水利委员会经济责任审计审计预告

××水文水资源局：

根据水文局党组《关于对×××同志进行任中经济责任审计的通知》（黄水党便〔201×〕×号），我处拟派出审计组，自201×年×月×日起对你单位×××同志进行任中经济责任审计。审计依据《黄河水利委员会领导干部经济责任审计办法》（黄党〔2016〕46号）的有关规定进行。审计通知书（黄水审通〔201×〕×号）已经送达，按照《黄河水利委员会审计预告和审计结果公告办法（试行）》的规定，特此预告。

为做好本次审计工作，希望有关部门及人员积极配合，欢迎广大干部职工随时与审计组沟通反映有关情况，并对审计纪律执行情况给予监督。

附件：黄河水利委员会审计人员工作纪律（黄审计〔2019〕150号）

审计组组长：

副组长：

成员：

举报电话：

举报电子邮箱：

附件：

## 黄河水利委员会审计人员工作纪律

黄审计〔2019〕150号

**第一条**　为加强审计队伍作风建设，严格审计纪律，根据《国务院关于加强审计工作的意见》、《审计署关于内部审计工作的规定》以及内审准则等相关规定，结合黄委实际，制定本制度。

**第二条**　本制度适用于黄委各级审计人员以及由审计部门临时抽调、聘请参与审计工作的人员。

**第三条**　审计人员应当严守政治纪律，在工作中坚持以习近平新时代中国特色社会主义思想为指导，树牢“四个意识”，坚定“四个自信”，坚决做到“两个维护”。

**第四条**　审计人员应当严格遵守中央八项规定及其实施细则精神。

（一）不准参加被审计单位和个人安排的宴请、娱乐、旅游等活动；

（二）不准超标准乘坐交通工具和安排食宿；

（三）不准在被审计单位报销应由个人支付的费用；

（四）不准接受被审计单位和个人赠送的纪念品、礼品、礼金、电子红包、手机充值、商业预付卡、会员卡、各种有价证券和土特产；

（五）不准接受被审计单位和个人给予的加班费、奖金、补贴；

（六）不准因私向被审计单位借用交通、通信工具；

（七）不准向被审计单位提出为本人、亲友办理私人事项的要求；

（八）不准利用审计职权干预被审计单位依法管理的资金、资产、资源的审批或分配使用。

**第五条**　审计人员应当改进工作作风，避免形式主义和官僚主义。

（一）深入调查研究，一切从实际出发，根据被审计单位实际，确定审计的范围、内容和重点，工作严谨细致，注重审计质量和效率，避免形式主义。

（二）认真履行审计职责，注重发现问题，揭示问题，分析原因，提出意见建议，树立服务意识，切实帮助被审计单位解决实际问题，力戒官僚主义。

**第六条**　审计人员应当遵守职业道德规范，坚持依法审计，实事求是，客观公正，诚信正派，做到文明审计、廉洁审计，树立黄河审计职业形象。

**第七条**　审计人员应当严守审计工作秘密，按照规定使用其在履行职责时所获取的信息，防止发生失密、泄密事件。

**第八条**　审计人员在工作中应当正确履行职责，严格执行黄委内部审计工作规定和行业内部审计准则，按照规定的审计程序实施审计，确保审计质量。

（一）坚持以问题和风险控制为导向，做到应审尽审、凡审必严、严肃问责。

（二）不得隐瞒审计发现的问题，提供内容虚假的审计报告。

（三）不得私自会见被审计单位人员，或者向被审计单位和个人跑风漏气、授意指使应对审计，影响审计查证。

（四）对审计中发现的问题，不得违反原则为被审计单位说情，干扰审计工作和影响审计问题处理。

（五）严格请示报告制度，服从工作安排，对审计中发现的重要情况和问题，当事人应当及时请示报告。

**第九条**　其他工作纪律。

（一）严格执行回避制度，审计人员与被审计单位或者审计事项有直接利害关系的，应当提出回避申请。

（二）禁止在工作日饮酒，严禁酒后驾驶。

（三）严格按标准交纳市内交通费和伙食费。

**第十条**　审计人员违反本制度，按照《黄河水利委员会审计工作责任追究办法》和相关规定追责问责。

**第十一条**　对忠于职守、坚持原则、认真履职、成绩显著的审计人员，由所在单位给予奖励。

**第十二条**　本制度由委审计局负责解释。

**第十三条**　本制度自印发之日起施行。

2. 适时召开经济责任审计进点会议

参会的审计对象所在单位人员范围由审计组确定，一般由审计对象所在单位的班子成员、中层领导、职工代表和离退休人员代表参加。会议由审计组组长主持，议程包括审计对象述职、宣读审计通知书，审计组介绍审计目的、审计内容、审计要求等。

召开进点会应注意的问题：

(1)审计项目人员应与被审计单位及时沟通，协商召开进点会的时间；

(2)认真做好有关准备工作，准时参加会议；

(3)在进点会上，审计项目组应明确审计的目的、范围、程序、时间安排和工作要求等内容。

审计对象应当按审计组要求，就其任职期间履行经济责任等情况进行述职。考虑审计对象异地调任、异地退休、受到惩处等特殊情况，《办法》不对召开审计进点会和审计对象现场述职做硬性规定，审计组可根据具体情况做出相应安排。因特殊原因审计对象不能到场述职时，可以委托人员代读或提交书面述职报告。审计对象应及时向审计组提交本人签名的述职报告和审计组要求提供的其他相关资料，并对所提供资料的真实性、完整性做出书面承诺。述职报告的主要内容如下：

(1)所在单位的职能及领导干部的职责分工；

(2)所在单位财务收支、各项目标任务完成情况；

(3)重大经济事项决策与执行情况；

(4)本人遵守法律法规、财经纪律和廉洁自律规定情况；

(5)需要向审计组说明的其他情况。

审计进点会结束后,审计组可以组织审计对象所在单位参会人员对述职报告真实程度、履行经济责任情况、个人廉洁自律情况进行民主测评。组织审计对象所在单位班子成员、部门和所属单位主要负责人、职工代表进行个别谈话,通过审计预告、民主测评、个别谈话等形式,广泛听取对审计对象的评价意见和有关意见建议及经济问题线索。

【例7-4】

## ×××同志廉洁从政情况调查表

填表日期：　　年　月　日

| 廉洁从政行为规范 | 执行情况评价意见 | | |
|---|---|---|---|
| | 优秀 | 一般 | 差 |
| 综合评价 | | | |
| 一、不准索取、接受或者以借为名占用管理和服务对象以及其他与行使职权有关系的单位或者个人的财物； | | | |
| 二、不准违反规定多占住房,或者违反规定买卖经济适用房、廉租住房等保障性住房； | | | |
| 三、不准以个人或者借他人名义经商、办企业； | | | |
| 四、不准违反规定在经济实体、社会团体等单位中兼职或者兼职取酬,以及从事有偿中介活动； | | | |
| 五、不准用公款报销或者支付应由个人负担的费用； | | | |
| 六、不准违反规定借用公款、公物或者将公款、公物借给他人； | | | |
| 七、不准私存私放公款及其他假公济私、化公为私的行为； | | | |
| 八、不准用公款旅游或者变相用公款旅游； | | | |
| 九、不准用公款参与高消费娱乐、健身活动和获取各种形式的俱乐部会员资格； | | | |
| 十、不准违反规定用公款购买商业保险,缴纳住房公积金,滥发津贴、补贴、奖金等； | | | |
| 十一、不准用公款支付配偶、子女及其配偶以及其他亲属学习、培训、旅游等费用,或向个人或者机构索取资助； | | | |
| 十二、不准违反规定决定或者批准兴建、装修办公楼、培训中心等楼堂馆所,超标准配备、使用办公用房和办公用品； | | | |

**续表**

| 廉洁从政行为规范 | 执行情况评价意见 | | |
|---|---|---|---|
| | 优秀 | 一般 | 差 |
| 十三、不准擅自用公款包租、占用客房供个人使用； | | | |
| 十四、不准违反规定配备、购买、更换、装饰或使用小汽车； | | | |
| 十五、不准弄虚作假，虚报工作业绩，骗取奖励； | | | |
| 十六、不准违反领导干部工资收入管理办法擅自确定本级领导薪酬标准。 | | | |
| 其他需要反映的情况： | | | |

注：1. 请在相应意见内打"√"；

2. "其他需要反映的情况"请简要填写问题线索或与审计人员面谈。

【例 7-5】

# 审计谈话记录

索引号：

| 被审计人 | ××× | 工作单位 | ××水文水资源局 | 职务 | |
|---|---|---|---|---|---|
| 谈话对象 | | | | 职务 | |
| 审计人员 | | | | 日期 | |
| 谈话主要内容： | | | | | |

3. 经济责任审计范围

任中经济责任审计范围为审计对象相应的任职期间，离任经济责任审计范围为审计对象整个任职期间。审计对象任职期间较长的，以其任职的后 3 年为重点，重要审计事项可以向前追溯或向后延伸。目前水文局任中经济责任审计为 3 年一次，最长不超过 5 年，离任必审,离任审计可以与任中经济责任审计相结合。

4. 需要提供的资料

审计对象所在单位应当按照审计组要求,及时提供以下资料,并对提供资料的真实性、完整性做出书面承诺,以区分审计责任和会计责任及其他影响审计结果失真的责任。审计对象所在单位对因提供资料不真实、不完整而造成的审计结果失实负责并承担责任。

(1)相关年度工作总结、经济考核、经济合同、会议记录、会议纪要及内部控制制度文件(汇编)等资料;

(2)相关年度收支预算上报及批复(准)的文件;

(3)基本建设项目投资计划、建设管理、竣工验收等资料;

(4)相关年度会计凭证、会计账簿、会计报表及电子信息、数据及其生成的会计资料;

(5)单位重大经济决策、对外投资决策资料;

(6)各级财政(财务)、审计等部门历年检查报告、审计报告以及有关问题整改资料;

(7)审计对象及其管理范围内发生的经济案件处理结果;

(8)相关年度劳动工资报表和审计对象收入执行资料;

(9)审计组根据工作需要要求提供的其他资料。

【例 7-6】

## 黄河水利委员会被审计领导干部审计承诺书

审计组:

根据黄水审通〔2018〕1 号审计通知书,在审计组对本人的任期经济责任审计中,本人严格按照《黄河水利委员会领导干部经济责任审计办法》的规定,认真履行被审计人的义务,真实、完整、及时地向审计组提交审计工作所需要的资料。对因资料不真实、不完整而造成的审计结果失实负责并承担相应责任。

被审计领导干部签字:

(印章)
年　月　日

【例 7-7】

## 黄河水利委员会被审计人所在单位审计承诺书

审计组:

一、本单位按《黄河水利委员会领导干部经济责任审计办法》规定提供了×××同志任期内历年与财务收支和经济活动相关的全部资料,保证无遗漏,并对其真实性、合法性负责。

二、本单位保证所有财务收支和财务往来均已全部纳入单位财务账户核算。

三、本单位在金融机构开设的账户(包括存折、存单)等已全部提供,保证无遗漏。保证不存在"账外账"和"小金库"。

四、本单位对因所提供的资料不真实、不完整而造成的审计结果失实负责,并承担责任。

五、对审计组在审计过程中要求提供的有关调查、核实材料、本单位将按规定时间签署完毕，送交审计组。

被审计单位：　　单位负责人：

财务负责人：

年　月　日

审计组应统筹安排审计资源，充分利用外部审计、内部审计已有审计成果，实行财务收支审计、专项审计调查、基本建设竣工决算审计、后续跟踪审计相结合，创新审计手段，提高审计质量和效率。

5. 审计工作底稿

审计人员应当通过必要的审计程序，遵循客观性、合法性、相关性、充分性、重要性、谨慎性原则，对审计事项取得相应的审计证据，其中重要审计事项和违法违纪问题的审计证据需要相关单位、部门盖章和相关人员签字确认。

审计人员应根据收集的审计证据，认真编制审计工作底稿。审计工作底稿内容主要包括审计对象及其所在单位、审计发现的事实、组长或主审审定（核）日期、审计对象所在单位意见等。对审计发现的违法违纪违规事实，在审计工作底稿中要分析问题产生原因、列明法规制度依据、提出处理意见建议。

【例 7-8】

## 黄河水利委员会经济责任审计工作底稿

编号：

<table>
<tr><td>被审计人</td><td>×××</td><td>编制人</td><td></td><td>日期</td><td></td></tr>
<tr><td>所在单位</td><td>××水文水资源局</td><td>组长或主审</td><td></td><td>日期</td><td></td></tr>
<tr><td>审计内容</td><td colspan="2">部门预算</td><td>资料来源</td><td colspan="2">有关事业财务资料</td></tr>
<tr><td colspan="6">审计发现的事实：<br>政府采购需进一步规范：<br>违反规定的事实：<br><br>上述做法违反了　　　　的规定。<br>审计处理意见：</td></tr>
<tr><td colspan="6">被审计单位意见：<br><br>单位负责人签字：<br>单位（印章）：<br>年　月　日</td></tr>
</table>

审计工作底稿实行三级工作责任制。编制人员应与审计对象所在单位相关工作人员适时沟通底稿内容,并对底稿反映事实的准确性及证据的客观性、合法性负责;副组长或主审负责审核审计工作底稿并分类排序,对底稿反映的事实是否清楚及证据的相关性、充分性负责;组长负责审定审计工作底稿,对审计工作底稿质量及在审计报告中采用情况负总责。审计工作底稿的编制人员、主审、组长各负其责,确保审计工作底稿质量。

审计工作底稿经组长审定后,应及时征求审计对象所在单位意见。除信访举报线索等需要保密事项外,审计工作底稿反映内容均需与审计对象及其所在单位适时沟通确认。审计对象所在单位在收到审计工作底稿5个工作日内签署意见并签章后送交审计组,逾期视为无异议。

审计组应充分利用已有审计成果和有关部门监督检查结果。对重要审计或审计调查事项以及违法违纪问题的证据,需要有关单位和人员书面确认。

审计部门和审计人员依法独立实施经济责任审计,有权审查审计对象及其所在单位与审计对象履行经济责任有关的资料,有权就审计事项提请有关单位和部门协助,相关单位、部门和个人应当积极配合。

审计对象及其所在单位不能按规定要求及时、完整提供审计所需资料,致使不具备审计条件的,审计组应责成审计对象及其所在单位限期提交相关资料。对于拒不提供资料,或者提供虚假资料,致使审计工作受到严重影响的,以及干预、阻挠审计工作的,审计部门可以建议纪检监察、组织人事部门对有关人员采取必要的措施。

审计过程中遇有审计手段难以解决的问题,审计部门应当及时通过有关部门协调解决。需要移交纪检监察、组织人事等部门调查处理的,依照相关规定办理。有关部门应当积极组织实施,并将调查核实的结果及时向审计部门反馈。

6. 审计报告

审计组实施审计后,应当向审计机关提交审计报告。审计组应对其提出的审计报告承担有关责任。审计报告的主要内容如下:

(1)基本情况。审计基本情况主要包括审计依据、审计实施情况、审计对象任职及分工情况、任职单位的基本情况等。

(2)审计对象履行经济责任情况。主要包括任职期间单位经济工作情况、以往发现主要问题整改及审计意见落实情况等。

(3)审计发现的主要问题和初步责任认定,其中边审边改的问题,可以连同整改情况一并反映。

(4)审计处理意见和建议。

(5)其他必要的内容。

审计发现的有关重大事项和违纪违规问题,可以审计要情等形式直接报送本单位联席会议负责人,不在审计报告中反映。对审计发现的重大违纪违规问题,审计部门可以提请相关业务主管部门按有关规定约谈审计对象及其所在单位有关领导人员或采取其他组织措施,以促进审计整改工作。

审计报告初稿可以由审计组组长或主审与审计对象所在单位有关部门负责人沟通相关意见。审计组根据有关沟通、交换意见修改审计报告。经组长审定后的审计报告,应当书面征求审计对象及其所在单位的意见。根据工作需要可以征求本单位有关负责人,以及本级联席会议成员部门的意见。

对于审计报告中涉及的经济案件调查等特殊事项,经审计部门主要负责人批准,可以不征求审计对象及其所在单位的意见。

审计对象及其所在单位应当自接到审计报告征求意见稿之日起 10 个工作日内提出书面反馈意见,逾期未提出书面反馈意见的,视同无异议。

审计组应当针对审计对象及其所在单位提出的书面意见,进一步核实并对审计报告做出必要的修改,连同审计对象及其所在单位的书面意见一并报送审计部门。

审计部门对审计组的审计报告进行审定,经审计部门主要负责人签发后,连同审计对象及所在单位意见一并向联席会议汇报,并作为下达经济责任审计意见的附件,向审计对象及其所在单位印发,同时抄送联席会议成员部门,必要时部分抄送其他相关业务部门。

审计对象及其所在单位对印发的审计报告有异议的,可以自收到审计报告之日起 15 日(日历天数,下同)内向出具审计报告的审计部门或联席会议申请复核,复核结论应自收到复核申请之日起 30 日内完成。复核期间不影响审计报告效力,复核后以复核结论为准。

经济责任审计报告经过沟通交换意见、书面征求意见、审计部门审定,由审计部门向联席会议汇报后印发审计对象及其所在单位,并抄送相关部门分别运用。经济责任审计报告一经印发即产生效力,报告复核结论产生最终效力。

为发挥经济责任审计成效,通过对以往审计发现问题实施后续审计,以审促改;鼓励审计对象及其所在单位边审边改审计发现的问题;通过提请相关部门约谈审计对象及其所在单位等措施督促问题整改。审计发现主要问题整改情况可以纳入审计报告一并反映。对积极整改的问题,可以减轻审计对象的相应责任。

7. 审计结果报告

经济责任审计是为干部管理和监督服务的。由于经济责任审计报告的专业性较强,篇幅较长,为了便于干部管理和监督等部门阅读与使用,审计部门在经济责任审计报告的基础上进行精简、提炼后,向有关部门出具审计结果报告。审计结果报告重点反映审计对象履行经济责任主要情况、审计发现的主要问题和责任认定、审计对象廉洁自律情况等。

审计部门形成的审计结果报告经联席会议审议通过后,由联席会议办公室提交组织人事、纪检监察部门。

8. 审计评价和责任划分

审计评价是经济责任审计报告和审计结果报告的主要内容。审计评价不同于审计意见建议,是以“经济”“责任”为主题,以审计事实为依据,以法律规章为准绳,以考核结果为参照,对审计对象履行经济责任情况和应负责任做出的综合评价。

(1)审计评价。审计部门应当根据审计查证或者认定的事实,依照法律法规、财务制度、行业标准,以及单位管理制度和考核结果等,对审计对象履行经济责任情况做出审计评价。

审计评价应当与审计内容相统一,突出“经济”“责任”两个主题,坚持依法依规、客观公正、实事求是的原则,评价结论应当有充分的审计证据支持,对审计中未涉及、审计证据不适当或者不充分以及超出审计范围的事项不做评价。

(2)审计部门对审计对象履行经济责任过程中存在问题所承担的责任有直接责任、主管责任、领导责任。应当区别不同情况做出科学合理的界定。

审计对象对审计发现的问题应当承担直接责任的，具体包括以下情形：

①本人或者与他人共同违反财经法律法规、廉洁自律规定和单位内部管理规定的；

②授意、指使、强令、纵容、包庇下属人员违反法律法规和单位内部管理规定的；

③未经民主决策、相关会议讨论或者文件传签等规定的程序，直接决定、批准、组织实施重大经济事项，并造成重大经济损失和严重损失浪费的；

④民主决策中在多数人不同意的情况下，直接决定、批准、组织实施重大经济事项，由于决策不当或者决策失误造成重大经济损失和严重损失浪费的；

⑤按照有关规定属于审计对象第一责任人（负总责）的各种经济事项，由于授权（委托）其他领导干部决策且决策不当或失误造成重大经济损失和严重损失浪费等后果的；

⑥其他违反财经法律法规行为应当承担直接责任的。

审计对象对审计发现的问题应当承担主管责任的，具体包括以下情形：

①除直接责任外，领导干部对其直接分管或者主管的工作，不履行或者不正确履行经济责任的；

②除直接责任外，主持相关会议讨论或者以文件传签等其他方式研究，并且在多数人同意的情况下，决定、批准、组织实施重大经济事项，由于决策不当或者决策失误造成重大经济损失和严重损失浪费的；

③疏于监管，致使所分管部门和单位发生重大违纪违法问题或者造成重大损失浪费等后果的；

④其他应当承担主管责任的情形。

领导责任是指除直接责任和主管责任外，审计对象对其职责范围内不履行或者不正确履行经济责任的其他行为应当承担的责任。

审计对象以外的其他人员对有关问题应承担的责任，审计部门可以以适当方式向干部管理监督部门等提供相关情况。

经济责任划分必须是针对审计对象履行经济责任过程中存在问题的行为，其中违反廉洁自律规定的问题应当单独表述，不存在问题的其他行为不属于界定经济责任的范畴。对与审计对象有关的违规违纪违法问题界定经济责任时必须有充分的审计证据支持。

9. 审计结果运用

干部管理监督部门应将审计结果作为考核、任免、奖惩审计对象的重要依据，经济责任审计结果报告应归入审计对象本人干部档案。相关业务主管部门应依据联席会议有关决定，在各自职责范围内，处理有关责任单位和责任人员，整改或督促指导整改有关问题。审计对象及其所在单位要认真整改问题，并按规定上报整改情况。

有关单位和部门对经济责任审计反映的典型性、普遍性、倾向性问题要及时进行研究，并将其作为采取有关措施、完善有关制度规定的参考依据。

组织人事部门在审计结果运用中的主要职责如下：

（1）根据审计结果和联席会议有关决定在职责范围内对审计对象及其他有关人员做出相应处理；

（2）将经济责任审计结果报告纳入审计对象档案，作为干部考核、任免和奖惩的重要依据；

（3）要求审计对象将经济责任履行和审计发现问题整改情况，作为民主生活会和述职述廉的重要内容；

(4)以适当方式及时将审计结果运用情况反馈审计部门。

纪检监察部门在审计结果运用中的主要职责如下：

(1)依纪依规受理审计移送的案件线索；

(2)依纪依规查处经济责任审计中发现的违纪违法行为；

(3)将经济责任审计结果报告纳入审计对象廉政档案；

(4)以适当方式将审计结果运用情况反馈审计部门。

审计部门在审计结果运用中的主要职责如下：

(1)根据联席会议审议结果，及时下达审计意见(决定)，对审计发现问题提出处理处罚意见建议；

(2)对审计中发现的需要移送处理的事项，应当区分情况依法依规移送单位有关部门处理处罚；

(3)根据干部管理监督部门、巡视机构等的要求，以适当方式向其提供审计结果以及与审计项目有关的其他情况；

(4)协助和配合干部管理监督等部门落实、查处与审计项目有关的问题和事项；

(5)对审计意见(决定)落实和问题整改情况进行后续审计，可以根据问题性质及整改情况提出相应责任追究建议。

有关业务部门在审计结果运用中的主要职责如下：

(1)落实联席会议有关决定，对有关问题在职责范围内依法依规进行整改；

(2)督促指导有关单位落实审计意见(决定)和整改要求；

(3)在对相关单位管理和监督中有效运用审计结果；

(4)以适当方式及时将审计结果运用情况反馈审计部门。

审计对象及其所在单位根据审计结果，应当采取以下整改措施：

(1)及时制订整改方案，认真整改审计发现的问题；

(2)落实有关责任人员的责任，采取相应的处理措施；

(3)根据审计意见建议，建立健全单位内部控制制度；

(4)在规定时间内，将审计意见(决定)落实和主要问题整改情况书面报告上级主管单位。

# 第五节　目前经济责任审计要点

## 一、贯彻落实上级重大经济工作方针政策、决策部署情况

(1)围绕上级制定的重大经济工作方针政策和决策部署，确定审计重点内容和对象，审查被审计单位对重大政策措施的贯彻落实情况。(实务中常见的是被审计单位无实质性改变举措。)

(2)以资金、项目、政策和重大改革任务推进情况为重点，关注被审计单位是否制定具体的落实措施，相关落实措施的具体内容及其分解、组织落实情况、执行进度以及取得的实际效果等。(实务中常见的是被审计单位以会议落实会议，未分解目标任务、无实质性举措。)

(3)审查上级重大政策举措是否落实、预定目标和效果是否按照预定的计划完成。(实务中常见的是仅列示差异,对好的经验未总结,对未完成的未深入分析。)

(4)查找影响重大政策措施落地的关键环节,分析政策措施落实过程中面临的困难,及时发现有令不行、有禁不止的行为及出现的新情况、新问题,分析原因并提出建议,促进上级各项重大政策措施有效实施和发挥作用。(实务中关注禁止性行为的违反情况。)

## 二、单位发展战略规划的制定、执行和效果情况

(1)是否制定了单位发展战略规划相关制度?是否存在与上级相关制度精神相左的情况?是否存在不合时宜的管理规定?(实务中常见照搬照抄。)

(2)战略规划是否符合单位实际情况?与上一阶段相比是否有一定的延续性?是否存在不切实际的跃进式规划?(实务中常见玩数字游戏,昨天一二三四,明天四三二一。)

(3)是否建立了动态开展企业发展战略规划的执行效果与规划预期的差异分析工作的机制?是否对战略规划的执行影响因素开展过深层次的原因分析?(实务中常见无人问津的现象。)

(4)根据任期内上级下达的业绩合同,遴选与企业领导人员经济责任有关的评价指标,对业绩考核指标完成情况进行核实认定。(实务中常见指标都能完成,是标准低了还是别的原因?)

## 三、重大经济事项决策制度制定、执行和效果情况

### (一)关注重大经济事项决策制度有没有的问题

(1)是否按照上级要求制定本单位重大经济事项的实施细则?(实务中常见的是照搬上级制度,不结合本单位实际情况制定实施细则。)

(2)有关规定是否与上级《重大经济事项决策制度实施细则》相符?(实务中常见的是个别规定与上级要求相悖。)

(3)是否存在制度管理漏洞或缺项?(实务中常见的是缺项或漏项,或把不该纳入重大经济事项为了规避责任"大包大揽"、"事无巨细",造成决策效率低下。)

### (二)关注重大经济事项决策制度的执行情况

(1)是否依法依规决策、集体决策、民主决策?(实务中常见的是特事特办比例高,存在议而不决等现象。)

(2)是否按照规定的决策程序议事?(实务中常见的是跳越决策程序,如主要领导先入为主。)

(3)决策会议召开是否符合应到会人数要求?(实务中常见的是参会决策人数未达到最低要求。)

(4)会议记录是否完整、详细并存档备查?(实务中常见的是记录不完整、不详实,对决策的信息选择性记录。)

### (三)关注重大经济决策事项的实施效果情况

(1)决策后是否按决策组织实施?(实务中常见的是组织实施拖延、组织不力。)

(2)是否达到预期的目标?(实务中常见的是在决策效果不佳的情况下选择性的无视。)

(3)是否对决策执行情况进行有效监督检查和责任追究?(实务中常见的是无监督检查机制,是否存在除非被举报,否则无人关注损失的现象。)

## 四、内部控制制度的建立和执行情况

(1)审查授权控制、管理程序、业务流程以及内控制度建立健全情况,是否适应本企业管理需要,是否存在薄弱环节,内控制度是否存在相互矛盾与不协调,是否达到内部牵制与防范风险的目的。(实务中常见管理脱节现象,对重点管控环节需要加大抽样。)

(2)审查内控制度遵循和有效情况,即相应的管理部门职责、工作程序和标准是否明确,是否有效落实和执行。(实务中常见交叉职责不清或空白两不管地带。)

(3)在对企业进行货币资金管理流程审查时,应重点关注:现金及其他货币资金是否账实相符;核对银行存款账户余额与银行对账单,有无长期未达账项;应收票据是否账实相符,是否按规定期限及时承兑,在不获承兑或付款时,是否及时行使追索权,并查明原因;应收票据转让、贴现、承兑时,是否能按照会计制度规定及时进行相应的账务处理,并建立有关备查登记簿,记录相应的内容和各环节的交接情况;设置的银行存款账户是否按规定在总部备案,有无违反规定擅自开设银行账户的情况;结算户与费用户的使用是否符合规定等。此外,在对货币资金管理审查中,要注意货币资金、银行票据收付控制、管理的管理程序、岗位设置及印鉴保管等内部牵制情况。(很细化了,不再赘述。)

(4)结合企业主要生产业务环节,揭露自身生产运行中存在的问题,包括但不限于审查各类合同的订立、履行、结算等管理情况,揭示与合同管理有关的主要风险点,有针对性地提出相应控制措施;从物资采购与销售流程入手,分析和评价已建立相关制度执行的有效性、科学性及合理性;审查投资程序是否合规,是否按计划实施,投资效益是否实现预期目标,有无因决策失误造成投资损失或形成不良资产等。(这是重点,业务洞察深度才决定审计价值大小。)

## 五、财务收支的真实、合法及效益情况

(1)被审计单位财务会计核算是否准确、真实,是否存在财务状况和经营成果不实的问题。

①企业采用的会计确认标准或计量方法是否正确,有无随意变更或滥用会计估计、会计政策,故意编造虚假利润等问题。

②企业收入、成本费用的确认和核算是否符合有关规定,有无虚列、多列、少列或不列收入及成本费用等问题。

③企业资产、负债、所有者权益的确认和核算是否符合有关规定,有无随意改变确认标准或计量方法,以及虚列、多列、不列或者少列资产、负债、所有者权益等问题。

④会计账簿记录与实物、款项和有关资料是否相符。

(2)关注被审计单位资金使用情况,审查资金运作管理是否规范,是否严格执行资金收支两条线管理。应纳入封闭结算货款是否在封闭结算内运行,未纳入封闭结算货款收入是否及时入账,有无截留、转移、隐瞒收入及账外资金等问题。是否存在未经集团公司、股份公司批准,对外借款、投资、担保、捐赠、债务重组以及在银行和非银行金融机构高息存款、委托其他单位理财、进行期货交易等行为。审查大宗商品生产加工、贸易、物流仓储业务,确认有

关业务是否存在融资性贸易行为。

(3)财务报表的合并范围、方法、内容和编报是否符合规定,是否存在故意编造虚假财务报表等问题。

(4)根据审计发现问题,编制资产负债调整表和利润调整表,确定审计认定数。

(5)按审计认定数计算各类财务绩效指标,分析财务绩效指标变动的主要原因并进行评价。

(6)在财务收支审计基础上,审查企业成本效益和预算完成情况,揭示企业在增收节支、预算管理等方面问题。

## 六、资产管理、使用及质量变动情况

(1)是否建立完善的资产(应收款项、存货、长期投资、固定资产、无形资产等)管理制度,相关制度是否得到有效执行,有无重大风险及较大经济损失发生。

(2)期末是否对资产进行全面清查;资产的盘盈、盘亏、毁损是否按规定处理并计入当期损益,有无挂账不摊或多摊、少摊形成潜盈、潜亏;是否根据资产的实际情况计提减值准备,其计提与转回是否按相关规定履行审批程序,处置和核销是否合规、及时。

(3)抽盘实物,检查资产是否真实存在并账实相符,是否存在账外资产或虚列资产;是否存在企业领导人员因私使用、其他单位无偿占用、用于对外投资但不转移产权或实物的问题;是否存在不需用或因毁损、技术淘汰等原因无法继续使用的现象及虚挂账形成潜盈潜亏的问题。(第三方评估机构如何管理?)

(4)核实任期内资产受让或转让是否按规定进行资产评估,是否存在利用资产评估消除潜亏或高估资产、低估负债等行为。(第三方评估机构如何管理?)

(5)确认任职期间企业资产质量的变动情况,查明任期末不良资产构成和金额;核实任期内资产减值准备计提和核销金额、原因。(资源资产如何审计?)

(6)检查资产抵押情况或其他受限制情况。

## 七、生态环境保护情况

(1)被审计单位是否制定了环境保护机制和制度?任职期间制度落实的情况如何?

(2)被审计单位是否存在因环境污染问题被投诉或被行政机关处罚的现象?

(3)被审计单位是否存在因历史以往问题但未采取措施造成污染进一步恶化现象?

## 八、廉洁从业制度制定和执行情况

(1)审查被审计单位对中央八项规定精神要求的执行情况,重点关注公务用车、通信费、业务招待费、差旅费、出国(出境)费用、培训费、会议费、公务接待费、礼品费等专项费用支出是否违规,加强对职务消费、公务接待的检查。

(2)审查企业及所属单位领导人员是否存在未按集团公司规定取薪及本人或家属经商办企业、与企业发生业务往来等问题,追查企业领导人员有无以权谋私和违反领导干部廉洁从业规定的问题。

(3)根据纪检监察和人事部门线索,需审计查证的事项。

(4)根据群众反映和举报,需审计查证的问题。

(5)其他违法、违纪问题。

## 九、以往审计发现问题整改情况

(1)是否建立了审计整改机制？被审计单位是否重视审计整改落实工作？

(2)被审计单位对以往审计发现问题是否按照审计报告提出的审计意见和建议，制订切实可行的整改方案、措施并全面落实实施，反映未整改或整改不到位的问题。

(3)被审计单位是否存在“承诺式整改”？

## 十、披露事项

(1)了解任期前遗留问题、重大未决诉讼及其他对企业有重大影响事项，根据重要程度进行披露。

(2)被审计单位领导人员有责任处理前任遗留问题，对现任领导人员已采取积极有效措施处理，但因各种客观因素未能解决的任前重大遗留问题，在此做披露处理。

(3)实务中常见的“新官不理旧账”、采取消极态度不加以处理的，应作为任期内问题并界定责任予以反映。

# 第八章 基本建设项目审计

随着我国经济的快速增长,建设项目越来越多、金额越来越大,对建设项目进行审计也逐步纳入内部审计人员的视野。对建设项目进行审计是现代内部审计的重要组成部分,也是实现内部审计增值目标的重要途径。

## 第一节 工程建设项目审计的概念、特点和模式

### 一、工程建设项目审计的概念

#### (一)建设项目审计

工程建设项目审计是指组织内部审计机构和人员依照国家有关法律法规和单位有关制度,对建设项目实施全过程的真实性、合法性、效益性所进行的独立监督和评价活动。

由于建设项目一般具有耗时长、投资大、技术含量高的特点,且项目建成后的质量对组织的经营或管理影响很大。因此,对建设项目进行全过程、全方位的审计具有重要的意义。

#### (二)建设项目审计的目标

建设项目审计体现了内部审计的防弊、兴利、增值的作用。建设项目内部审计的目的是为了促进建设项目实现"质量、速度、效益"三项目标。质量目标是指工程实体质量和工作质量达到要求;速度目标是指工程进度和工作效率达到要求;效益目标是指工程成本及项目效益达到要求。对建设项目内部审计不仅要对项目设计、可行性分析、招标投标、采购、建设、验收、财务管理等进行监督,防止错误与舞弊的发生,更重要的是通过过程审计和监督,及时提出改进建议,促进建设项目工程效益和效率目标的实现,从而进一步实现增加组织价值的目的。

### 二、建设项目审计的特点

(1)审计范围广泛,时间跨度大。建设项目审计的内容包括对建设项目的投资立项、(勘察)设计管理、招标投标管理、合同管理、设备和材料采购、工程管理、工程造价、竣工验收、财务管理、后评价等过程的审查和评价。固定资产投资项目建设周期长,一般需要分阶段审计,有的还要全程跟踪审计。

(2)审计方法多样化。除运用财务审计中的一般方法外,还要运用现场核查法、设计图与竣工图循环审查法、对比审计法、关键线路跟踪审计法、技术经济分析法、网上比价审计法等。必要时还要得到有关技术部门协助或利用外部专家服务。

(3)财务审计与管理审计相融合。建设项目审计要将风险管理、内部控制、效益的审查和评价贯穿于建设项目各个环节,并与项目法人制、招标投标制、合同制、监理制执行情况的检查相结合。

## 三、建设项目审计的模式

### （一）事后竣工结算

事后竣工结算是指建设项目竣工后对建设项目进行的全面审计，例如竣工决算审计。

### （二）全程跟踪审计

全程跟踪审计是指内部审计人员在项目的建设过程中及时对各阶段或各期间的事项进行审计，及时纠正存在问题，提出审计意见的审计模式。

### （三）两种审计模式比较

（1）审计时间和次数不同。事后竣工结算一般是在建设项目竣工后一次性对建设项目进行全面的审计。全程跟踪审计则是根据建设项目的实际进展情况，随时进行审计，次数是不固定的，审计时间选择上强调适时、动态。

（2）审计方式不同。事后竣工结算一般采取报送审计方式，是在项目完工后的集中审计，如有需要才去项目现场观察、测量。全程跟踪审计往往采取就地审计方式，并视项目进展情况分别进行审计。

（3）审计内容不同。事后竣工结算审计主要针对提供的竣工结算资料进行审查，重点审核项目的造价。全程跟踪审计则对项目管理的各个环节的内部控制、风险管理情况进行全面审计。

（4）审计风险和作用不同。项目建设是一项周期长、投资大、内容复杂的工作，而且许多构件和分体项目只能在施工过程或刚刚完工的时候对其技术质量指标进行检查和测评。事后审计看不到项目建设过程，无法检查隐蔽工程，仅依据书面资料进行审计，增大审计风险。对审计过程中发现的有些问题，只能评价但无法纠正。如实际支出超过概预算部分（已经构成建设项目实体），不会因为审计的披露与评价重新变成货币资金。全程跟踪审计把审计子系统融入项目建设这个大系统，成为这个大系统的有机组成部分。在这个大系统中，审计不仅能很好地发挥自身的功能，而且通过审计与项目建设系统各方面（包括设计、施工、监理、资金管理）的对接，产生新的更优的整体功能。全过程跟踪审计体现前馈控制与后馈控制的有机结合的特征和优势。全过程跟踪审计虽未能在所有问题发生之前进行反馈，但由于是在问题刚刚发生之时便进行了反馈，因而大大缩短了反馈时间，能将问题消灭在萌芽状态，并对以后的建设进程起到预警、预防作用。

### （四）审计模式的选择

从理论上讲，跟踪审计是体现系统科学的更优的审计模式。但内部审计机构选择哪种审计模式，则要根据自身的实际情况进行分析。当内部审计机构拥有足以承担建设项目跟踪审计任务的审计资源时，应当选择跟踪审计模式；如果内部审计机构人员的数量或内部审计人员现有的知识、技能和经验无法承担建设项目跟踪审计业务，还是选择事后竣工结算审计，否则会承担更大的审计风险。

## 四、建设项目审计应遵循的原则和方法

（1）技术经济审查、项目管理过程审查与财务审计相结合。

（2）事前审计、事中审计、事后审计相结合。

（3）与项目各专业管理部门密切协调、合作参与。

(4)根据不同的审计对象、审计所需的证据和项目审计各环节的审计目标选择不同的方法,以保证审计工作质量和审计资源的有效配置。

## 第二节　工程建设项目审计内容和方法

工程建设项目审计的主要内容包括投资立项审计、勘察设计管理审计、招标投标审计、合同管理审计、工程物资采购审计、工程管理审计、工程造价审计、竣工验收审计、工程财务管理审计及工程绩效审计等。

### 一、投资立项审计

**(一)投资立项审计的含义**

投资立项审计是指内部审计人员对已立项工程建设项目预可行性研究阶段、可行性研究阶段及立项决策环节各项工作的程序履行、质量及绩效等进行的审计监督与评价。主要审查和评价项目的决策程序与可行性研究报告的真实性、完整性、科学性等。

在投资立项审计中,内部审计人员应主要依据主管部门发布的《投资项目可行性研究指南》及组织决策过程的有关资料。

**(二)投资立项审计的内容**

投资立项审计包括可行性研究前期工作审计、可行性研究报告真实性审计、可行性研究报告内容完整性审计、可行性研究报告科学性审计、可行性研究报告投资估算和资金筹措审计、可行性研究报告财务评价审计和决策程序的审计。

1. 可行性研究前期工作审计

可行性研究前期工作审计即检查项目是否具备经批准的项目建议书,项目调查报告是否经过充分论证。

2. 可行性研究报告真实性审计

可行性研究报告真实性审计即检查可行性研究报告是否具备行业主管部门发布的《投资项目可行性研究指南》规定的内容;检查可行性研究报告中是否说明建设项目的目的,是否说明建设项目在工艺技术可行性、经济合理性及决定项目规模、原材料供应、市场销售条件、技术装备水平、成本收益等方面的经济目标,是否说明建设地点及当地的自然条件和社会条件、环保约束条件,并进行选址比较,是否说明投资项目何时开始投资、何时建成投产、何时收回投资;是否说明项目建设的资金筹措方式等。

3. 可行性研究报告内容完整性审计

可行性研究报告内容完整性审计即检查可行性研究报告是否具行业主管部门发布的《投资项目可行性研究指南》规定的内容,是否有漏项。

4. 可行性研究报告科学性审计

可行性研究报告科学性审计即检查参与可行性研究机构资质及论证的专家的专业结构和资格;检查投资方案、投资规模、生产规模、布局选址、技术、设备、环保等方面的资料来源;检查原材料、燃料、动力供应和交通及公用配套设施是否满足项目要求;检查是否在多方案比较选择的基础上进行决策;检查拟建项目与类似已建成项目的有关技术经济指标和投资预算的对比情况;检查工程设计是否符合国家环境保护的法律法规的有关政策,需要配套的环境治理项目是否编制并与建设项目同步进行等。

5. 可行性研究报告投资估算和资金筹措审计

可行性研究报告投资估算和资金筹措审计即检查投资估算和资金筹措的安排是否合理;检查投资估算是否准确,所选模型是否恰当。

6. 可行性研究报告财务评价审计

可行性研究报告投资估算和资金筹措审计即检查项目投资、投产后的成本和利润、借款的偿还能力、投资回收期等的计算方法是否科学适当;检查计算结果是否正确、所用指标是否合理。

7. 决策程序的审计

决策程序的审计即检查决策程序的民主化、科学化,评价决策方案是否经过分析、选择、实施、控制等过程;检查决策是否符合国家宏观政策及组织的发展战略,是否以提高组织核心竞争能力为宗旨;检查对推荐方案是否进行了总体描述和优缺点描述;检查有无主要争论与分歧意见的说明;重点检查内容有无违反决策程序及决策失误的情况等。

**(三)投资立项审计的方法**

勘察投资立项审计的主要方法包括审阅法、对比分析法等。对比分析法是通过相关资料和技术经济指标的对比(拟建项目与国内同类项目对比)来确定差异、发现问题的方法。

**(四)投资立项审计遇到的突出问题**

投资立项审计遇到的突出问题有为顺利立项虚构数据或夸大项目收益率。

## 二、勘察设计管理审计

**(一)勘察设计管理审计的含义与目标**

勘察设计管理审计是指内部审计人员对项目建设过程中勘察、设计环节各项管理工作质量及绩效进行的审查和评价。

勘察设计管理审计的目标主要是:审查和评价勘察设计环节的内部控制及风险管理的适当性、合法性和有效性;勘察、设计资料依据的充分性和可靠性;委托勘察设计、初步设计、施工图设计等各项管理活动的真实性、合法性和效益性。

**(二)勘察设计管理审计的内容**

勘察设计管理审计包括勘察设计管理的审计、初步设计管理的审计、施工图设计管理的审计、设计变更管理的审计和设计资料管理的审计等。

1. 勘察设计管理的审计

检查是否建立、健全委托勘察设计的内部控制,看其执行是否有效;检查委托勘察设计的范围是否符合已报经批准的可行性研究报告;检查是否采用招标投标方式来选择勘察设计商及其有关单位的资质是否合法合规;招标投标程序是否合法、公开,其结果是否真实、公正,有无因选择勘察设计商失误而导致的委托风险;检查组织管理部门是否及时组织技术交流,其所提供的基础资料是否准确、及时;检查勘察设计合同的内容是否合法、合规,其中是否明确规定双方权利和义务以及针对设计商的激励条款;检查勘察设计合同的履行情况,索赔和反索赔是否符合合同的有关规定。

2. 初步设计管理的审计

检查是否建立、健全初步设计审查和批准的内部控制,看其执行是否有效;检查是否及时对国内外初步设计进行协调;检查初步设计完成的时间及其对建设进度的影响;检查是否及时对初步设计进行审查,并进行多种方案的比较和选择;检查报经批准的初步设计方案和概算是否符合经批准的可行性研究报告及估算;检查初步设计方案及概算的修改情况;检查初步设计深度是否符合规定,有无因设计深度不足而造成投资失控的风险;检查概算及修正概算的编制依据是否有效、内容是否完整、数据是否准确;检查修正概算审批制度的执行是否有效;检查是否采取限额设计、方案优化等控制工程造价的措施,限额设计是否与类似工程进行比较和优化论证,是否采用价值工程等分析方法;检查初步设计文件是否规范、完整。

3. 施工图设计管理的审计

检查是否建立、健全施工图设计的内部控制,看其执行是否有效;检查施工图设计完成的时间及其对建设进度的影响,有无因设计图纸拖延交付而导致的进度风险;检查施工图设计深度是否符合规定,有无因设计深度不足而造成投资失控的风险;检查施工图交底、施工图会审的情况以及施工图会审后的修改情况;检查施工图设计的内容及施工图预算是否符合经批准的初步设计方案、概算及标准;检查施工图预算的编制依据是否有效、内容是否完整、数据是否准确;检查施工图设计文件是否规范、完整;检查设计商提供的现场服务是否全面、及时,是否存在影响工程进度和质量的风险。

4. 设计变更管理的审计

检查是否建立、健全设计变更的内部控制,有无针对因过失而造成设计变更的责任追究制度,以及该制度的执行是否有效;检查是否采取提高工作效率、加强设计接口部位的管理与协调措施;检查是否及时签发与审批设计变更通知单,是否存在影响建设进度的风险;检查设计变更的内容是否符合经批准的初步设计方案;检查设计变更对工程造价和建设进度的影响,是否存在工程量只增不减从而提高工程造价的风险;检查设计变更的文件是否规范、完整。

5. 设计资料管理的审计

检查是否建立、健全设计资料的内部控制,看其执行是否有效;检查施工图、竣工图和其他设计资料的归档是否规范、完整。

### (三)勘察设计管理审计的方法

勘察设计管理审计主要采用分析性复核、复算、文字描述、现场核查等方法。

### (四)存在的突出问题

勘察设计管理中存在的突出问题有:未到现场勘查凭想象或经验做勘查报告,设计深度不够,设计变更多,部分设计存在还未投入使用即落后或淘汰的现象。

## 三、招标投标审计

### (一)招标投标审计的含义和目标

招标投标审计是指内部审计人员对工程建设项目的勘察设计、施工、监理、监测、物资采购等方面的招标程序和工程承发包的质量及绩效进行的审查和评价。

招标投标审计的目标主要包括:审查和评价招标投标环节的内部控制及风险管理的适当性、合法性和有效性;招标投标资料依据的充分性和可靠性;招标投标程序及其结果的真实性、合法性和公正性,以及工程发包的合法性和有效性等。

**（二）招标投标审计应获取的资料**

内部审计人员进行招标投标审计，应获取以下一些资料：招标管理制度，招标文件，招标答疑文件，标底文件，投标保函，投标人资质证明文件，投标文件，投标澄清文件，开标记录，开标鉴证文件，评标记录，定标记录，中标通知书，专项合同等。

**（三）招标投标审计的内容**

招标投标审计的内容主要包括招标投标前准备工作的审计、招标投标文件及标底文件的审计和开标、评标、定标的审计。

1. 招标投标前准备工作的审计

检查是否建立、健全招标投标的内部控制，看其执行是否有效；检查招标项目是否具备相关法规和制度中规定的必要条件；检查是否存在人为肢解工程项目、规避招标投标等违规操作风险；检查招标投标的程序和方式是否符合有关法规和制度的规定，采用邀请招标投标方式时，是否有三个以上投标人参加投标；检查标段的划分是否适当，是否符合专业要求和施工界面衔接需要，是否存在标段划分过细，增加工程成本和管理成本的问题；检查是否公开发布招标公告、招标公告中的信息是否全面、准确；检查是否存在因有意违反招标投标程序的时间规定而导致的串标风险。

2. 招标投标文件及标底文件的审计

检查招标文件的内容是否合法、合规，是否全面、准确地表述招标项目的实际状况；检查招标文件是否全面、准确地表述招标人的实质性要求；检查采取工程量清单报价方式招标时，其标底是否按《建设工程工程量清单计价规范》的规定填制；检查施工现场的实际状况是否符合招标文件的规定；检查投标保函的额度和送达时间是否符合招标文件的规定；检查投标文件的送达时间是否符合招标文件的规定，法人代表签章是否齐全，有无存在将废标作为有效标的问题。

3. 开标、评标、定标的审计

检查是否建立、健全违规行为处罚制度，是否按制度对违规行为进行处罚；检查开标的程序是否符合相关法规的规定；检查评标标准是否公正，是否存在对某一投标人有利而对其他投标人不利的条款；检查是否对投标策略进行评估，是否考虑投标人在类似项目及其他项目上的投标报价水平；检查各投标人的投标文件，对低于标底的报价的合理性进行评价；检查中标人承诺采用的新材料、新技术、新工艺是否先进，是否有利于保证质量、加快速度和降低投资水平；检查对于投标价低于标底的标书是否进行答辩和澄清，以及答辩和澄清的内容是否真实、合理；检查定标的程序及结果是否符合规定；检查中标价是否异常接近标底，是否有可能发生泄漏标底的情况；检查与中标人签订的合同是否有悖于招标文件的实质性内容。

**（四）招标投标审计的方法**

招标投标审计主要采用观察、询问、分析性复核、文字描述、现场核查等方法。

**（五）存在的突出问题**

招标投标中存在的突出问题有：限制或排斥潜在投标人、弄虚作假投标或骗标、招标人与投标人串通投标或投标人围标。

（六）招标投标流程和步骤

1. 招标人准备工作

1）项目立项

（1）提交项目建议书，主要内容有：投资项目提出的必要性，拟建规模和建设地点的初步设想，资源情况、建设条件、协作关系的初步分析，投资估算和资金筹措设想，项目大体进度安排经济效益和社会效益的初步评价等。

（2）编制项目预可行性研究、可行性研究报告并提交，主要内容有：国家、地方相应政策；单位的现有建设条件及建设需求；项目实施的可行性及必要性；市场发展前景；技术上的可行性；财务分析的可行性；效益分析（经济、社会、环境）等。

2）建设工程项目报建

招标人持立项等批文向工程交易中心的建设行政主管部门登记报建。

3）建设单位招标资格

（1）有从事招标代理业务的营业场所和相应资金；

（2）有能够编制招标文件和组织评标的相应专业力量；

（3）如果没有资格自行组织招标的，招标人有权自行选择招标代理机构，委托其办理招标事宜，任何单位和个人不得以任何方式为招标人指定招标代理机构。

4）办理交易证

招标人持报建登记表在工程交易中心办理交易登记。

2. 编制资格预审、招标文件

1）编制资格预审文件

资格预审文件内容包括资格预审申请函、法定代表人身份证明、授权委托书、申请人基本情况表、近年财务状况表、近年完成的类似项目情况表、正在施工的和新承接的项目情况表、近年发生的诉讼及仲裁情况、其他材料。

2）编制招标文件

（1）招标文件内容包括招标公告、投标邀请书、投标人须知、评标办法、合同条款及格式、工程量清单、图纸、技术标准及要求、投标文件格式。

（2）编制招标文件注意事项：①明确文件编号、项目名称及性质；②投标人资格要求；③发售文件时间；④提交投标文件方式、地点和截止时间。招标文件应明确投标文件所提交方式，能否邮寄，能否电传。投标文件应交到什么地方，在什么时间。

3）投标文件的编制要求

投标文件的编制要求内容包括投标函及投标函附录、法定代表人身份证明或授权委托书、投标保证金、已标价工程量清、施工组织设计、项目管理机构、其他材料、资格审查资料 。①投标的语言；②投标文件的构成；③投标文件的装订；④投标文件的式样和签署；⑤投标报价。

4）投标有效期

招标文件应当根据项目的情况明确投标有效期，不宜过长或过短。如遇特殊情况，即开标后由于种种原因无法定标，执行机构和采购人必须在原投标有效期截止前要求投标人延长有效期。这种要求与答复必须是以书面的形式提交。投标人可拒绝执行机构的这种要求，其保证金不会被没收。

5)投标文件的密封递交

(1)投标人应按招标文件的要求进行密封和递交。譬如有时执行机构要求投标人将所有的文件包括“价格文件”“技术和服务文件”“商务和资质证明文件”密封在一起,有时根据需要也会分别单独密封自行递交,这根据实际情况而定,但必须在招标文件中明确。

(2)投标人应保证密封完好并加盖投标人单位印章及法人代表印章,以便开标前对文件密封情况进行检查。

6)废标

属以下情形者作废标处理:

①投标文件送达时间已超过规定投标截止时间(公平、公正性);②投标文件未按要求装订、密封;③未加盖投标人公章及法人代表、授权代表的印章,未提供法人代表授权书;④未提交投标保证金或金额不足,投标保证金形式不符合招标文件要求及保证金、汇出行与投标人开户行不一致的;⑤投标有效期不足的;⑥资格证明文件不全的;⑦超出经营范围投标的;⑧投标货物不是投标人自己生产的且未提供制造厂家的授权和证明文件的;⑨采用联合投标时,未提供联合各方的责任的义务证明文件的;⑩不满足技术规格中主要参数和超出偏差范围的发布招标公告的等。

3. 发布资格预审公告

(1)编制资格预审公告,内容包括招标条件、项目概况与招标范围、资格预审、投标文件的递交、招标文件的获取、投标人资格要求等。

(2)发布媒介,在工程交易中心的网站发布招标公告。发布的媒介有《中国日报》《中国经济导报》《中国建设报》《中国采购与招标网》,招标公告在媒体或网站发布的有效时间为5个工作日。

4. 资格预审

(1)出售资格预审文件。

(2)接受投标单位资格预审申请。

(3)对潜在投标人进行资格预审。

①接受资格预审文件。

②组建资格预审委员会,由招标人组建评审小组,包括财务、技术方面的专门人员。

③评审程序:第一,初步审查资格预审文件进行完整性、有效性及正确性的资格预审。第二,详细审查营业执照、企业资质等级等。财务方面:是否有足够的资金承担本工程。投标人必须有一定数量的流动资金。施工经验:是否承担过类似本工程项目,特别是具有特别要求的施工项目;近年来施工的工程数量、规模。人员:投标人所具有的工程技术和管理人员的数量、工作经验、能力是否满足本工程的要求。第三,设备投标人所拥有的施工设备是否能满足工程的要求。

④澄清。审查委员会要求申请人,以书面形式对资格预审文件中不明确的地方给予解释说明。范围:申请文件中不明确的内容进行书面澄清或说明;申请人的澄清或说明不得改变申请文件的实质性内容并作为其组成部分。

⑤方法。一般在公告中会载明评审方法,评审方法一般由合格制和有限数量制。

⑥审查报告。审查委员会完成审查后,确定通过资格预审的申请人名单,并向招标人提交书面审查报告。通过详细审查申请人的数量不足3个的,招标人重新组织资格预审或不

再组织资格预审而采用资格后审方式直接招标。

⑦通过评审的申请人名单确定。通过评审的申请人名称，一般由招标人根据审查报告和资格评审文件规定确定。

(4)投标采购需要邀请。

5. 发售招标文件及答疑、补遗

1)出售招标文件

向资格审查合格的投标人出售招标文件、图纸、工程量清单等材料。自出售招标文件、图纸、工程量清单等资料之日起至停止出售之日止，为5个工作日。招标人应当给予投标人编制投标文件所需的合理时间，最短不得少于20日，一般为了保险，自招标文件发出之日起至提交投标文件截止之日止为25日。

2)开标前工程项目现场勘察和标前会议

(1)踏勘。组织各投标单位现场踏勘，不得单独或分别组织一个投标人进行现场踏勘。

(2)标前会议。所有投标人对招标文件中以及在现场踏勘的过程中存在的疑问在标前会议中进行答疑过程。

3)补遗

招标人对已发出的招标文件进行必要的澄清或者修改的，应当在招标文件要求提交投标文件截止时间至少15日前，以书面形式通知投标人，解答的内容为招标文件组成部分。

6. 接收投标文件

接收投标人的投标文件及投标保证金，保证投标文件的密封性。

7. 抽取评标专家

在开标前2小时内，在相应的专业专家库随机抽取评标专家，另招标人派出代表(具有中级以上相应的专业职称)参与评标。

8. 开标

(1)时间、地点。时间为招标文件中载明的时间，地点为工程交易中心。

(2)参会人员签到。招标人、投标人、公证处、监督单位、纪检部门等与会人员签到。

(3)投标文件密封性检查。开标时，由投标人或者其推选的代表检查投标文件的密封情况，也可以由招标人委托的公证机构检查并公证 。

(4)主持唱标。

(5)开标过程记录，并存档备查。

9. 投标文件评审

1)评标委员会组建

评标委员会由专家和招标人代表组成，一般由招标人代表担任委员会主任，专家在开标前由招标人在专家库抽取，且专家信息需保密，对其专家有“回避原则”。

2)评标准备

(1)工作人员及评委准备工作人员向评委发放招标文件和评标有关表格，评委熟悉招标项目概况、招标文件主要内容和评标办法及标准等内容，并明确招标目的、项目范围和性质，以及招标文件中的主要技术要求、标准和商务条款等。

(2)根据招标文件对投标文件做系统的评审和比较。

3)初步评审

(1)投标文件的符合性鉴定:①投标文件的有效性;②投标文件的完整性;③与招标文件的一致性。

(2)对投标文件的质疑,以书面方式要求投标人给予解释、澄清。

(3)废标的有关情况需与招标文件和国家有关规定相符合。

4)详细评审

(1)工作人员工作评标。辅助工作人员协助做好评委对各投标书评标得分的计算、复核、汇总工作。

(2)评审程序:①技术评估。主要内容有施工方案的可行性、施工进度计划的可靠性、施工质量的保证、工程材料和机械设备供应的技能符合设计技术要求,对于投标文件中按照招标文件规定提交的建议方案做出技术评审。②商务评估。主要内容有审查全部报价数据计算的正确性、分析报价数据的合理性、对建议方案的商务评估。③投标文件的澄清。评标委员会可以约见投标人对其投标文件予以澄清,以口头或书面形式提出问题,要求投标人回答,随后在规定的时间内投标人以书面形式正式答复,澄清和确认的问题必须由授权代表正式签字,并作为投标文件的组成部分。

5)评标报告

(1)报告内容主要有基本情况和数据表、评标委员会成员名单、开标记录、符合要求的投标一览表、废标情况说明、评标标准、评标方法或者评标因素一览表、评分比较一览表、经评审的投标人排序以及澄清说明补正事项纪要等。

(2)评标报告由评标委员会成员签字。

(3)提交书面评标报告并评标委员会解散。

6)举荐中标候选人

评标委员会推荐的中标候选人应当限定在1~3人,并标明排序。

10.定标

对评标结果在市工程交易中心网站进行公示,公示时间不得少于3个工作日。

11.发出建设工程中标通知书

(1)发出中标通知书。

(2)谈判准备。①谈判人员的组成。②注重相关项目的资料收集工作。③对谈判主体及其情况的具体分析,明确谈判的内容,对于合同中既定的,没有争议、歧义、漏洞和有关缺陷的条款,任何一方没有讨价还价的余地。④拟订谈判方案。

12.签约前合同谈判及签约

(1)签约前合同谈判。在约定地点进行谈判,在谈判过程中要把主动权争取过来,不要过于保守或激进,注意肢体语言和语音、语调,正确驾驭谈判议程,站在对方的角度讲问题,贯彻利他害他原则。

(2)签约。招标人与中标人在中标通知书发出30个工作日之内签订合同,并交履约担保。

13.退还投标保证金

招标人与中标人签订合同后5个工作日内,应当向中标人和未中标人的投标人退还投标保证金。

## 四、合同管理审计

### （一）合同管理审计的含义和目标

合同管理审计是指内部审计人员对项目建设过程中各专项合同内容及各项管理工作质量及绩效进行的审查和评价。

合同管理审计的目标主要包括：审查和评价合同管理环节的内部控制及风险管理的适当性、合法性和有效性；合同管理资料依据的充分性和可靠性；合同的签订、履行、变更、终止的真实性、合法性以及合同对整个项目投资的效益性。

内部审计人员对合同管理进行审计，应主要依据合同当事人的法人资质资料、合同管理的内部控制、专项合同书和专项合同的各项支撑材料等。

### （二）合同管理审计的内容

合同管理审计主要包括合同管理制度审计、专项合同通用内容的审计、各类专项合同的审计、委托监理合同的审计、合同变更的审计、合同履行的审计和终止合同的审计。

1. 合同管理制度审计

检查组织是否设置专门的合同管理机构以及专职或兼职合同管理人员是否具备合同管理资格；检查组织是否建立了适当的合同管理制度；检查合同管理机构是否建立健全防范重大设计变更、不可抗力、政策变动等的风险管理体系。

2. 专项合同通用内容的审计

检查合同当事人的法人资质、合同内容是否符合相关法律和法规的要求；检查合同双方是否具有资金、技术及管理等方面履行合同的能力；检查合同的内容是否与招标文件的要求相符合；检查合同条款是否全面、合理，有无遗漏关键性内容，有无不合理的限制性条件，法律手续是否完备；检查合同是否明确规定双方的权利和义务；检查合同是否存在损害国家、集体或第三者利益等导致合同无效的风险；检查合同是否有过错方承担缔约过失责任的规定；检查合同是否有按优先解释顺序执行合同的规定。

3. 各类专项合同的审计

1）勘察设计合同的审计

勘察设计合同审计应检查合同是否明确规定建设项目的名称、规模、投资额、建设地点，具体包括：检查合同是否明确规定勘察设计的基础资料、设计文件及其提供期限；检查合同是否明确规定勘察设计的工作范围、进度、质量和勘察设计文件份数；检查勘察设计费的计费依据、收费标准及支付方式是否符合有关规定；检查合同是否明确规定双方的权利和义务；检查合同是否明确规定协作条款和违约责任条款。

2）施工合同的审计

检查合同是否明确规定工程范围，工程范围是否包括工程地址、建筑物数量、结构、建筑面积、工程批准文号等；检查合同是否明确规定工期，以及总工期和各单项工程的工期能否保证项目工期目标的实现；检查合同的工程质量标准是否符合有关规定；检查合同工程造价计算原则、计费标准及其确定办法是否合理；检查合同是否明确规定设备和材料供应的责任及其质量标准、检验方法；检查所规定的付款和结算方式是否合适；检查隐蔽工程的工程量确认程序及有关内部控制是否健全，有无防范风险的措施；检查中间验收的内部控制是否健全，交工验收是否以有关规定、施工图纸、施工说明和施工技术文件为依据；检查质量保证期是否符合有关建设工程质量管理的规定,是否有履约保函;检查合同所规定的双方权利和义务是否对等,有无明确的协作条款和违约责任;检查采用工程量清单计价的合同是否符合《建设工程工程量清单计价规范》的有关规定。

4. 委托监理合同的审计

检查监理公司的监理资质与建设项目的建设规模是否相符;检查合同是否明确所监理的建设项目的名称、规模、投资额、建设地点;检查监理的业务范围和责任是否明确;检查所提供的工程资料及时间要求是否明确;检查监理报酬的计算方法和支付方式是否符合有关规定;检查合同有无规定对违约责任的追究条款。

5. 合同变更的审计

检查合同变更的原因,以及是否存在合同变更的相关内部控制;检查合同变更程序执行的有效性及索赔处理的真实性、合理性;检查合同变更的原因以及变更对成本、工期及其他合同条款的影响的处理是否合理;检查合同变更后的文件处理工作有无影响合同继续生效的漏洞。

6. 合同履行的审计

检查是否全面、真实地履行合同;检查合同履行中的差异及产生差异的原因;检查有无违约行为及其处理结果是否符合有关规定。

7. 终止合同的审计

检查终止合同的报收和验收情况;检查最终合同费用及其支付情况检查索赔与反索赔的合规性和合理性;检查合同资料的归档和保管,包括在合同签订、履行分析、跟踪监督以及合同变更、索赔等一系列资料的收集和保管是否完整。

**(三)合同管理审计的方法**

合同管理审计主要采用审阅、核对、重点追踪审计等方法。

**(四)存在的突出问题**

合同管理中存在的突出问题有:阴阳合同,转包或违法分包,质量安全、环保方面问题多。

## 五、设备和材料采购审计

**(一)设备和材料采购审计的含义和目标**

设备和材料采购审计是指对项目建设过程中设备和材料采购环节各项管理工作质量及绩效进行的审查和评价。

设备和材料采购审计的目标主要包括:审查和评价采购环节的内部控制及风险管理的适当性、合法性和有效性;采购资料依据的充分性与可靠性;采购环节各项经营管理活动的真实性、合法性和有效性等。

内部审计人员对设备和材料采购进行审计,应依据以下一些资料:采购计划,采购计划批准书,采购招标投标文件,中标通知书,专项合同书,采购、收发和保管等的内部控制制度,相关会计凭证和会计账簿等。

**(二)设备和材料采购审计的内容**

设备和材料采购审计内容主要包括设备和材料采购环节的审计、各项采购费用及会计核算的审计、设备和材料领用的审计、设备和材料领用的审计。

1. 设备和材料采购环节的审计

1）设备和材料采购计划的审计

检查建设单位采购计划所订购的各种设备、材料是否符合已报经批准的设计文件和基本建设计划；检查所拟定的采购地点是否合理；检查采购程序是否规范；检查采购的批准权与采购权等不相容职务分离及相关内部控制是否健全、有效。

2）设备和材料采购合同的审计

检查采购是否按照公平竞争、择优择廉的原则来确定供应方；检查设备和材料的规格、品种、质量、数量、单价、包装方式、结算方式、运输方式、交货地点、期限、总价和违约责任等条款规定是否齐全；检查对新型设备、新材料的采购是否进行实地考察、资质审查、价格合理性分析及专利权真实性审查；检查采购合同与财务结算、计划、设计、施工、工程造价等各个环节衔接部位的管理情况，是否存在因脱节而造成的资产流失问题。

3）设备和材料验收、入库、保管及维护制度的审计

检查购进设备和材料是否按合同签订的质量进行验收，是否有健全的验收、入库和保管制度，检查验收记录的真实性、完整性和有效性；检查验收合格的设备和材料是否全部入库，有无少收、漏收、错收以及涂改凭证等问题；检查设备和材料的存放、保管工作是否规范，安全保卫工作是否得力，保管措施是否有效。

2. 各项采购费用及会计核算的审计

检查货款的支付是否按照合同的有关条款执行；检查代理采购中代理费用的计算和提取方法是否合理；检查有无任意提高采购费用和开支标准的问题；检查会计核算资料是否真实可靠；检查会计科目设置是否合规及其是否满足管理需要；检查采购成本计算是否准确、合理。

3. 设备和材料领用的审计

检查设备和材料领用的内部控制是否健全，领用手续是否完备；检查设备和材料的质量、数量、规格型号是否正确，有无擅自挪用、以次充好等问题。

4. 设备和材料领用的审计

（1）设备和材料出售的审计。即检查建设项目剩余或不适用的设备和材料以及废料的销售情况。

（2）盘盈盘亏的审计。即检查盘点制度及其执行情况、盈亏状况以及对盘点结果的处理措施。

**（三）设备和材料采购审计的方法**

设备和材料采购审计主要采用审阅、网上比价审计、跟踪审计、分析性复核、现场观察、实地清查等方法。

**（四）存在的突出问题**

竣工验收中存在的突出问题主要是设备和材料采购中存在的突出问题有：物资的质量问题、剩余物资超过额定比例、甲供乙供物资互串、进口设备改国产设备等。

## 六、工程管理审计

**（一）工程管理审计的含义和目标**

工程管理审计是指内部审计人员对建设项目实施过程中的工作进度、施工质量、工程监

理和投资控制所进行的审查和评价。

工程管理审计的目标主要包括:审查和评价建设项目工程管理环节内部控制及风险管理的适当性、合法性和有效性;工程管理资料依据的充分性和可靠性;建设项目工程进度、质量和投资控制的真实性、合法性和有效性等。

内部审计人员在工程管理审计过程中,应主要依据施工图纸、与工程相关的专项合同、网络图、业主指令、设计变更通知单和相关会议纪要等资料。

**(二)工程管理审计的内容**

工程管理审计的内容主要包括工程进度控制的审计、工程质量控制的审计和工程投资控制的审计。

1. 工程进度控制的审计

检查施工许可证、建设及临时占用许可证的办理是否及时,是否影响工程按时开工;检查现场的原建筑物拆除、场地平整、文物保护、、相邻建筑物保护、降水措施及道路疏通是否影响工程的正常开工;检查是否有对设计变更、材料和设备等因素影响施工进度采取控制措施;检查进度计划的制订、批准和执行情况,网络动态管理的批准是否及时、适当,网络计划是否能保证工程总进度;检查是否建立了进度拖延的原因分析和处理程序,对进度拖延的责任划分是否明确、合理(是否符合合同约定),处理措施是否适当;检查有无因不当管理造成的返工、窝工情况;检查对索赔的确认是否依据网络图排除了对非关键线路延迟时间的索赔。

2. 工程质量控制的审计

检查有无工程质量保证体系;检查是否组织设计交底和图纸会审工作,对会审所提出的问题是否严格进行落实;检查是否按规范组织了隐蔽工程的验收,对不合格项的处理是否适当;检查是否对进入现场的成品、半成品进行验收,对不合格品的控制是否有效,对不合格工程和工程质量事故的原因是否进行了分析,其责任划分是否明确、适当,是否进行返工或加固修补;检查工程资料是否与工程同步,资料的管理是否规范;检查评定的优良品、合格品是否符合施工验收规范,有无不实情况;检查中标人的往来账目或通过核实现场施工人员的身份,分析、判断中标人是否存在转包、分包及再分包的行为;检查工程监理执行情况是否受项目法人委托对施工承包合同的执行、工程质量、进度费用等方面进行监督与管理,是否按照有关法律、法规、规章、技术规范设计文件的要求进行工程监理。

3. 工程投资控制的审计

检查是否建立健全设计变更管理程序、工程计量程序、资金计划及支付程序、索赔管理程序和合同管理程序,看其执行是否有效检查支付预付备料款、进度款是否符合施工合同的规定,金额是否准确,手续是否齐全;检查设计变更对投资的影响;检查是否建立现场签证和隐蔽工程管理制度,看其执行是否有效。

**(三)工程管理审计的方法**

工程管理审计主要采用关键线路跟踪审计、技术经济分析、质量鉴定、现场核定等方法。

**(四)存在的突出问题**

工程管理中存在的突出问题有:工程进度严重滞后超工期现象、施工安全管理问题、监理履职不到位、检测应检未检现象、人员资质达不到最低要求等。

## 七、工程造价审计

### （一）工程造价审计的含义和目标

工程造价审计是指内部审计人员对建设项目全部成本的真实性、合法性进行的审查和评价。

工程造价审计的目标主要包括检查工程价格结算与实际完成的投资额的真实性、合法性；检查是否存在虚列工程、套取资金、弄虚作假、高估冒算的行为等。

内部审计人员对工程造价进行审计，依据的主要资料包括经工程造价管理部门（或咨询部门）审核过的概算（含修正概算）和预算；有关设计图纸和设备清单、工程招标投标文件、合同文本、工程价款支付文件、工程变更文件、工程索赔文件等。

### （二）工程造价审计的内容

工程造价审计的内容主要包括设计概算的审计、施工图预算的审计、合同价的审计、工程量清单计价的审计和工程结算的审计。

1. 设计概算的审计

检查工程造价管理部门向设计单位提供的计价依据的合规性；检查建设项目管理部门组织的初步设计及概算审查情况，包括概算文件、概算的项目与初步设计方案的一致性、项目总概算与单项工程综合概算的费用构成的正确性；检查概算编制依据的合法性等；检查概算具体内容，包括设计单位向工程造价管理部门提供的总概算表、综合概算表、单位工程概算表和有关初步设计图纸的完整性，组织概算会审的情况，重点检查总概算中各项综合指标和单项指标是否合理，及其与同类工程技术经济指标的可比性。

2. 施工图预算的审计

施工图预算审计主要检查施工图预算的量、价、费计算是否正确，计算依据是否合理。施工图预算审计包括直接费用审计、间接费用审计、计划利润和税金审计等内容。

（1）直接费用审计包括工程量计算、单价套用的正确性等方面的审查和评价。

①工程量计算审计。采用工程量清单报价的，要检查其符合性。在设计变更，发生新增工程量时，应检查工程造价管理部门与工程管理部门的确认情况。

②单价套用审计。检查是否套用规定的预算定额、有无高套和重套现象；检查定额换算的合法性和准确性；检查新技术、新材料、新工艺出现后的材料和设备价格的调整情况，检查市场价的采用情况。

③其他直接费用审计包括检查预算定额、取费基数、费率计取是否正确。

（2）间接费用审计包括检查各项取费基数、取费标准的计取套用的正确性。

（3）计划利润和税金计取的合理性的审计。

3. 合同价的审计

检查合同价的合法性与合理性，包括固定总价合同的审计、可调合同价的审计、成本加酬金合同的审计。检查合同价的开口范围是否合适，若实际发生开口部分，应检查其真实性和计取的正确性。

4. 工程量清单计价的审计

检查实行工程量清单计价工程的合规性；检查招标过程中，对招标人或其委托的中介机构编制的工程实体消耗和措施消耗的工程量清单的准确性、完整性；检查工程量清单计价是否符合国家工程量清单计价规范要求的“四统一”，即统一项目编码、统一项目名称、统一计量单位和统一工程量计算规则；检查由投标人编制的工程量清单报价文件是否响应招标文件；检查标底的编制是否符合国家工程量清单计价规范。

5. 工程结算的审计

检查与合同价不同的部分，其工程量、单价、取费标准是否与现场、施工图和合同相符；检查工程量清单项目中的清单费用与清单外费用是否合理；检查前期、中期、后期结算的方式是否能合理地控制工程造价。

**（三）工程造价审计的方法**

工程造价审计主要采用重点审计、现场检查和对比审计等方法。

重点审计法即选择建设项目中工程量大、单价高，对造价有较大影响的单位工程、分部工程进行重点审查的方法。该方法主要用于审查材料用量、单价是否正确，工资单价、机械台班是否合理。

现场检查法是指对施工现场直接考察的方法，以观察现场工作人员及管理活动，检查工程量、工程进度，所用材料质量是否与设计相符。

对比审计法应视实际情况选择具有可比性的相关指标（如与同类工程技术经济指标等）进行比较，看其计价是否正确、合理。

**（四）存在的突出问题**

工程造价中存在的突出问题有：工程量（特别是隐蔽工程）计算不准确，取费及定额套用不准确、不合规，工程结算未按照合同约定的条款进行。

## 八、竣工验收审计

**（一）竣工验收审计的含义和依据**

竣工验收审计是指内部审计人员对已完工建设项目的验收情况、试运行情况及合同履行情况进行的检查和评价活动。

竣工验收审计应依据经批准的可行性研究报告，竣工图，施工图设计及变更洽谈记录，国家颁发的各种标准和现行的施工验收规范，有关管理部门审批、修改、调整的文件，施工合同，技术资料和技术设备说明书，竣工决算财务资料，现场签证，隐蔽工程记录，设计变更通知单，会议纪要，工程档案结算资料清单等资料。

**（二）竣工验收审计的内容**

竣工验收审计的内容主要包括竣工验收审计、试运行情况的审计和合同履行结果的审计。

1. 竣工验收审计

检查竣工验收小组的人员组成、专业结构和分工；检查建设项目验收过程是否符合现行规范，包括环境验收规范、防火验收规范等；对于委托工程监理的建设项目，应检查监理机构对工程质量进行监理的有关资料；检查承包商是否按照规定提供齐全有效的施工技术资料；检查对隐蔽工程和特殊环节的验收是否按规定做了严格的检验；检查建设项目验收的手续和资料是否齐全有效；检查保修费用是否按合同和有关规定合理确定和控制；检查验收过程有无弄虚作假行为。

2. 试运行情况的审计

检查建设项目完工后所进行的试运行情况,对运行中暴露出的问题是否采取了补救措施;检查试生产产品收入是否冲减了建设成本。.

3. 合同履行结果的审计

检查业主、承包商因对方未履行合同条款或建设期间发生意外而产生的索赔与反索赔问题,核查其是否合法、合理,是否存在串通作弊现象,赔偿的法律依据是否充分。

**(三)竣工验收审计的方法**

竣工验收审计主要采用现场检查设计图与竣工图循环审查等方法。

设计图与竣工图循环审查法是指通过分析设计图与竣工图之间的差异来分析评价相关变更、签证等的真实性与合理性的方法。

**(四)存在的突出问题**

竣工验收中存在的突出问题主要是实际建设内容与概算不符。

## 九、财务管理审计

**(一)财务管理审计的概念和依据**

财务管理审计是指内部审计人员对建设项目资金筹措、资金使用及其账务处理的真实性、合规性进行的监督和评价。

内部审计人员对财务管理进行审计,应依据的主要资料包括:筹资论证材料及审批文件,财务预算,相关会计凭证、账簿、报表,设计概算,竣工决算资料,资产交付资料等。

**(二)财务管理审计的内容**

财务管理审计的内容主要包括建设资金筹措的审计、资金支付及账务处理的审计和竣工决算的审计。

1. 建设资金筹措的审计

检查筹资备选方案论证的充分性,决策方案选择的可靠性、合理性,审批程序的合法性、合规性;检查筹资方式的合法性、合理性、效益性;检查筹资数额的合理性,分析所筹资金的偿还能力;评价筹资环节的内部控制。

2. 资金支付及账务处理的审计

(1)检查、评价建设项目会计核算制度的健全性、有效性及其执行情况。

(2)检查建设项目税收优惠政策是否充分运用。

(3)检查采购的材料和设备是否与设计文件相符,有无盲目采购的情况;检查“预付账款”明细科目所预付的款项是否按照合同支付,有无违规多付的情况;检查据以付款的原始凭证是否按规定进行了审批,是否合法、齐全;检查支付物资结算款时是否按合同规定扣除了质量保证期间的保证金;检查工程完工后剩余工程物资的盘盈、盘亏、报废、毁损等是否做出了正确的账务处理。

(4)检查“在建工程”科目,主要包括:

①检查“在建工程——建筑安装工程”科目累计发生额的真实性,包括是否存在设计概算外其他工程项目的支出;是否将生产领用的备件、材料列入建设成本;据以付款的原始凭证是否按规定进行了审批,是否合法、齐全;是否按合同规定支付预付工程款、备料款、进度款;支付工程结算款时,是否按合同规定扣除了预付工程款、备料款和质量保证期间的保证

金。

②检查“在建工程——在安装设备”科目累计发生额的真实性，主要包括是否将设计概算外的其他工程或生产领用的仪器、仪表等列入本科目；是否在本科目中列入了不需要安装的设备、为生产准备的工具器具、购入的无形资产及其他不属于本科目工程支出的费用。

③检查建设单位独立费的真实性、合法性、合理性，主要包括工程管理费、征地费、可行性研究费、临时设施费、公证费、监理费等各项费用支出是否存在扩大开支范围等情况。

3. 竣工决算的审计

检查所编制的竣工决算是否符合建设项目实施程序，有无将未经审批立项、可行性研究、初步设计等环节而自行建设的项目编制竣工工程决算的问题；检查竣工决算编制方法的可靠性，有无造成交付使用的固定资产价值不实的问题；检查有无将不具备竣工决算编制条件的建设项目提前或强行编制竣工决算的情况；检查“竣工工程概况表”中的各项投资支出，并分别与设计概算数相比较，分析节约或超支情况；检查“交付使用资产明细表”，将各项资产的实际支出与设计概算数进行比较，以确定各项资产的节约或超支数额；分析投资支出偏离设计概算的主要原因；检查建设项目结余资金及剩余设备材料等物资的真实性和处置情况，包括检查建设项目“工程物资盘存表”，核实库存设备、专用材料账实是否相符；检查建设项目现金结余的真实性；检查应收、应付款项的真实性，关注是否按合同规定预留了承包商在工程质量保证期间的保证金。

**（三）财务管理审计的方法**

财务管理审计主要采用调查、分析性复核、抽查等方法。

**（四）存在的突出问题**

财务管理中存在的突出问题有：工程费用是否已完整入账，有无将不应列入本建设项目成本的开支列入建设成本，有无挤占问题，待摊投资的归集与分配是否正确，其他投资的列支是否正确。

### 十、绩效审计

工程绩效审计是指对工程建设项目自立项至运营投用全过程资源使用和管理绩效进行的审计监督与评价。

主要通过检查及时发现项目投资建设和运营管理各阶段中存在的问题，从经济性、效益性和效果性对工程建设项目进行评价，揭示存在的薄弱环节和潜在风险，促进完善项目立项决策机制和实现预期效果。

绩效审计中存在的突出问题有：与可行性研究、概算预定的目标相比，部分关键指标均未实现。

## 第三节　水利基本建设项目竣工决算审计

### 一、水利基本建设项目竣工决算审计的概念

**（一）竣工决算审计的概念**

竣工决算审计是指水利基本建设项目竣工验收前，水利审计部门对其竣工决算的真实

性、合法性和效益性进行的审计监督和评价。项目法人应接受水利审计部门对其负责建设的建设项目开展竣工决算审计。建设项目主管部门、设计、施工、监理等相关单位应做好审计配合工作。

**（二）竣工决算审计主体**

竣工决算审计主体是指在竣工决算审计活动中主动实施审计行为，行使审计监督、评价权的水利审计部门和审计人员。建设项目竣工验收主持单位的水利审计部门是其竣工决算审计的审计主体。

水利审计部门是指各级水利主管部门设立的内部审计机构或履行内部审计职责的机构。

竣工决算审计的主体也可以是国家审计或社会审计。国家审计是指国家审计机关对建设项目的财务收支和建设管理行为进行的审计监督和评价。社会审计是指社会审计机构接受委托对建设项目进行有偿审计活动。

《水利基本建设项目竣工决算审计暂行办法》第十三条规定："由水利部及相关部门组织或主持验收的水利基本建设项目的竣工决算审计，除有专门要求外，一般由水利部审计室负责组织审计。其他水利基本建设项目的竣工决算审计，由主持该水利基本建设项目竣工验收的水行政主管部门的同级水利审计部门负责审计。"通俗地讲，就是"谁验收、谁审计"。

## 二、建设项目竣工决算审计的依据

（1）竣工决算审计实施的依据为国家、上级水利主管部门及单位内部有关审计管理等法律、法规和制度，中国内部审计协会发布的审计准则、标准等。

系统内重要制度：《水利基本建设项目竣工决算审计暂行办法》等。

（2）竣工决算审计评价的依据为国家、上级水利主管部门及单位内部有关建设管理、资金使用等法律、法规和制度。

水利审计部门开展竣工决算审计时，应接受国家审计机关和上级水利审计部门的业务指导和监督，合理利用相关审计成果。

水利审计部门可根据工作需要，将全部或部分竣工决算审计业务委托社会审计机构实施，并加强对委托审计业务的管理和监督。

竣工决算审计是建设项目竣工结算调整、竣工验收、竣工财务决算审批及项目法人法定代表人任期经济责任评价的重要依据。

## 三、建设项目竣工决算审计的内容

竣工决算审计应结合建设项目的类型、规模、管理体制等确定审计内容。

竣工决算审计内容应包括主要环节的建设管理、资金运动的主要流向及概算执行情况等。

**（一）建设项目批准及建设管理体制审计**

（1）项目建议书、可行性研究报告、初步设计是否经有权审批部门批准。

（2）项目法人组建是否符合规定，项目法人责任制是否落实，工程开工是否符合规定等。

(3)工程质量安全管理体系是否建立,质量管理措施是否有效等。

**(二)项目投资计划、资金来源及概算执行审计**

(1)计划(概算)下达及分解是否真实合法,是否及时足额下达或分解等。

(2)资金来源是否列入投资计划和部门预算,资金是否到位,建设资金存储是否符合规定,是否滞留、截留建设资金等。

(3)设计变更的程序和手续是否履行,重大设计变更是否报原初步设计审批单位审批。

(4)预备费使用是否符合规定,动用是否经过有权审批部门批准,额度是否控制在批准的额度内。

(5)概算批准的投资内容是否完成,有无超概算、扩大规模、提高标准和计划外投资等,概算执行是否存在重大差异等。

**(三)基本建设支出审计**

(1)建筑安装工程投资、设备投资、待摊投资、其他投资是否真实合法,成本控制制度是否建立和有效执行,成本核算是否准确等。

(2)待核销基建支出和转出投资的项目是否符合规定,核算是否准确;转出投资的转出手续是否符合规定。

(3)工程价款结算的依据、程序、手续是否符合规定,造价审计结果是否作为确认基本建设支出的依据。

(4)造价审计是指水利审计部门或受委托的社会审计机构对建设项目合同履行相关的工程价款结算进行审核的行为。

造价审计确定基本建设支出以外的基本建设支出是否真实合法,与造价审计的支出合计是否同建设项目基本建设支出一致,有无超概算和标准的支出项目。

**(四)土地征用及移民安置资金管理使用审计**

(1)土地征用及移民安置资金概算是否批复,概算分解、调整是否符合规定。

(2)土地征用及移民安置的组织是否落实,委托地方政府实施的是否符合规定。

(3)项目法人是否按协议拨付土地征用及移民安置资金,未拨付资金的理由是否充分。

(4)土地征用及移民安置资金是否按批准的范围和标准发放,是否滞留、挤占挪用移民资金,对超支原因是否进行了分析。

(5)土地征用及移民安置资金由地方政府包干使用的,是否由县级以上地方政府审计机关进行审计,存在问题是否进行了整改落实。

**(五)未完工程投资及预留费用审计**

(1)未完工程投资项目是否以项目概算(预算)、合同等为依据计列,测算方法是否合理。

(2)未完工程投资是否按批准的概算项目计列,是否存在新增工程内容及超概算项目,有无虚列工程量、人为提高工程造价等。预留费用是否按明细项目计列,是否列支与本工程建设无关的费用,是否存在虚列预留费用套取建设资金等。

(3)未完工程投资及预留费用所需资金是否落实。

(4)未完工程投资及预留费用总额占概算总投资的比例是否在规定的范围内。

**(六)交付使用资产审计**

(1)交付使用资产计量是否准确,交付使用资产对象是否真实,交付使用资产是否账实相符。

(2)交付使用资产分类是否按固定资产、流动资产、递延资产、无形资产分类填列,资产分类能否满足接收单位资产管理要求。

(3)交付使用资产是否以成本核算等有关资料进行计价,费用分摊对象是否符合规定,有无将不需安装设备等作为费用分摊对象;对直接分摊的费用,是否与分摊对象相关;对间接分摊的费用,分摊方法及依据是否合理。

(4)接收单位是否确定,接收单位是否恰当,移交资产的名称、规格、数量是否明确。

**(七)基建收入审计**

(1)基建收入的内容是否完整;是否存在将生产经营收入作为基建收入的问题。

(2)在各类基建收入的确认和分配是否符合规定,核算是否准确。

**(八)建设项目竣工决算时资金构成审计**

(1)审计基准日资金来源和占用是否真实、合法。

审计基准日是指竣工决算审计监督和评价的时点,应与竣工财务决算基准日一致。

(2)概算结余是否合理,竣工结余资金确认是否准确。

概算结余是指批准建设项目概算投资同实际完成投资的差异,在建设项目资金全部到位的情况下,同竣工结余资金数一致。

(3)债权债务是否真实,清理出的呆账坏账是否按规定处理;是否按合同预留保证金。

(4)竣工结余资金是否按规定进行了处理。

**(九)竣工财务决算编制审计**

(1)编制主体是否为项目法人或有关责任单位,是否成立工作机构。

(2)满足竣工决算编制条件后,是否在规定的时间内编制,延期编制的,是否报竣工验收主持单位同意。

(3)竣工财务决算是否按要求编制。

(4)编制内容是否完整,报表选择是否正确,表格填制是否符合规定,表内、表间关系是否正确,竣工财务说明书内容是否全面、突出重点、真实可靠等。

(5)竣工财务清理结果是否满足竣工财务决算编制要求,概算(预算)与核算口径是否进行了对应分析,与项目建设成本、资产价值相关联的会计业务是否已在竣工财务决算基准日之前入账,未完工程投资及预留费用的预留测算方法方法是否适当,待摊投资和建设成本的分摊方法是否符合规定、准确。

**(十)招标、投标及政府采购审计**

(1)招标、投标和政府采购的实施是否符合要求,是否建立了相应的管理制度等。

(2)应纳入招标、投标及政府采购范围的是否进行招标、投标及政府采购,是否按规定程序进行,是否存在规避行为,是否存在转包和非法分包,有无其他违法违规的行为等。

**(十一)合同管理审计**

(1)合同管理制度是否建立,责任是否明确。

(2)合同签订主体资格是否符合规定,程序和手续是否完备,形式是否符合要求,合同内容要素是否完整,是否执行了相应的合同示范文本。

(3)合同变更是否符合内部控制要求,变更原因是否真实合理。

(4)合同履行是否全面、真实,程序是否符合内部控制要求,合同履行中的差异是否进行了分析,合同纠纷的处理是否公正合理。

(5)合同终止条件是否符合规定和合同约定,合同的善后事项是否妥善处理,合同资料的归档和保管是否符合规定等。

**(十二)建设监理审计**

(1)是否实行建设监理制,监理单位及监理人员资质是否符合规定。

(2)监理业务是否按照有关规定及合同履行等。

**(十三)财务管理审计**

(1)财务管理机构设置及人员配备是否符合规定,是否满足建设项目财务管理需要,职责和权限是否明确。

(2)财务管理制度是否建立健全,是否得到有效执行。

(3)与资金筹集和支付相关单位之间的财务关系是否清晰,财务关系处理是否符合规定。

(4)会计核算是否符合国有建设单位会计制度及其补充规定,核算是否准确。

(5)会计基础工作是否符合会计基础工作规范的规定。

**(十四)历次审计检查审计**

(1)历次审计、检查、稽查发现的问题是否整改落实。

(2)整改落实情况是否以适当的形式进行报告,未整改问题是否进行了分析。

## 四、竣工决算审计程序

**(一)审计准备阶段**

审计准备阶段包括审计立项、编制审计方案、送达审计通知书等环节。

1. 审计立项

审计立项是指水利审计部门将建设项目竣工决算审计纳入年度工作计划,并做出时间及人员安排的行为。

(1)竣工决算审计应进行立项,并明确被审计单位和审计事项 。

(2)立项的依据是上级水利审计部门、同级国家审计机关和内部审计制度的要求。

(3)项目法人应在竣工财务决算编制完成后 10 个工作日内向水利审计部门书面申报竣工决算审计立项(审计申请书)。水利审计部门对符合竣工决算审计条件的建设项目,应在接到项目法人书面申报 10 个工作日内立项。

2. 编制审计实施方案

(1)水利审计部门应在实施竣工决算审计前进行审前调查,应制订审计实施方案,对审计工作做出计划和安排。

(2)编制审计实施方案应遵循全面性、效率性、规范性原则,按照竣工决算审计程序安排审计作业的全过程,明确提高竣工决算审计工作质量和工作效率措施。

(3)审计方案应由审计组负责编制,经水利审计部门审核后实施。

3. 送达审计通知书

(1)竣工决算审计实施前,应向被审计单位印发审计通知书,作为被审计单位接受审计的书面文件。

(2)水利审计部门应根据审计立项文件和内部管理的有关要求编制审计通知书。

(3)水利审计部门应在审计工作组进驻3个工作日前送达审计通知书;特殊情况下可在实施审计时送达。被审计项目法人向审计工作组出具审计承诺书,对提供的资料的真实性、完整性做出承诺。

**(二)审计实施阶段**

审计实施阶段主要包括收集审计证据、编制审计工作底稿、征求意见等环节。

1.收集审计证据

审计证据是指水利审计部门和审计人员获取的,用以证明竣工决算审计事实真相,形成竣工决算审计结论的证明材料。

(1)审计人员在竣工决算审计过程中,应通过实施审计程序获取审计证据,作为审计评价的依据。

(2)审计证据应包括书面证据、实物证据、视听电子证据、口头证据、环境证据等。审计证据应以书面证据为主。

(3)审计人员可采用检查、观察、询问、外部调查、重新计算、重新操作、分析等方法获取审计证据。

(4)审计人员对获取的审计证据的充分性、相关性和可靠性进行复核,应进行三级复核。

(5)审计人员获取的审计证据需要进行鉴定的,应以鉴定结论为审计证据;对被审计单位存有异议的审计证据,审计人员应做进一步核实。

2.编制审计工作底稿

(1)审计人员在竣工决算过程中,应编制审计工作底稿,获取审计证据的名称、来源、内容、时间等清晰、完整地记录在审计工作底稿中,作为与审计结论的桥梁。

(2)审计工作底稿应载明:被审计单位和建设项目的名称,竣工决算审计事项及其期间或截止日期,审计程序的执行过程和执行结果记录,审计结论,执行人员的姓名和执行日期,复核人员姓名,复核日期和复核意见,索引及页次,审计标示与其他符号及其说明等。

(3)审计工作底稿的形式可以是纸质、磁带、硬盘、胶片或其他有效的信息载体,无纸化的审计工作底稿应制作备份。

(4)审计组应建立审计工作底稿分级复核制度,明确审计工作底稿复核的职责,如发现审计工作底稿存在问题,应要求相关审计人员补充或重新编制审计工作底稿。

(5)竣工决算审计完成后,水利审计部门应对审计工作底稿按相关工作要求进行归档和管理。

3.征求意见

(1)审计报告正式出具前,水利审计部门应将审计报告的征求意见稿书面征求有关单位意见。

(2)征求意见范围应为被审计单位,必要时可征求项目主管部门、项目参建单位等相关单位意见。

(3)征求意见内容主要应包括审计报告中反映的情况是否事实存在,对存在的问题定性是否准确,处理意见和建议是否恰当等。

(4)征求意见应以书面形式进行,可辅以召开座谈会等其他形式进行沟通。

(5)征求意见期限为10个工作日,在征求意见期限内未提出书面意见的,应视为同意审计报告。

**（三）审计报告阶段**

审计报告阶段主要包括出具审计报告、审计报告处理、下达审计结论等环节。

1. 出具审计报告

审计报告是指竣工决算审计任务完成后，审计组或受委托的社会审计机构向派出或委托的水利审计部门报告工作任务完成情况及其结果的总结报告。

（1）审计组在竣工决算审计结束后，应向水利审计部门出具审计报告，作为竣工决算审计工作的书面文件。

（2）审计报告应包括标题、收件人、正文、附件、签章、日期等要素。

（3）审计报告的正文应包括审计概况、审计依据、审计发现、审计结论、审计处理意见及建议等内容。

（4）审计报告应以审计证据、国家有关规定、被审计单位反馈意见等为依据编制。

（5）水利审计部门应组织对审计报告进行复核。复核主要包括形式复核和内容复核。

2. 审计报告处理

水利审计部门应依据审计组出具的审计报告，下达审计结论，要求被审计单位整改落实。

3. 下达审计结论

审计结论是指水利审计部门对竣工决算审计出具的审计报告、决定、意见、建议的总称，是对建设项目竣工决算审计监督和评价的结果。

（1）下达审计结论的形式包括转发审计报告、印发审计决定、审计意见、审计建议等。

（2）审计结论应直接下达项目法人或者项目主管部门，必要时可抄送相关单位。

（3）审计结论下达后，水利审计部门应将审计报告、审计结论文件及相关审计资料及时归档。

**（四）审计终结阶段**

审计终结阶段主要包括审计整改和跟踪审计等环节。

1. 整改落实

（1）项目法人和相关单位应按照水利审计部门下达的审计结论进行整改落实，并将整改落实情况书面报送水利审计部门。

（2）项目法人和相关单位必须执行审计决定，落实审计意见，采纳审计建议。

（3）项目法人和相关单位应在收到审计结论60个工作日内执行完毕，并向水利审计部门报送审计整改报告；确需延长审计结论整改执行期的，应报水利审计部门同意。

2. 后续审计

后续审计是指水利审计部门对竣工决算审计结论整改落实情况实施的审计。

（1）水利审计部门必要时可对已下达的审计结论整改落实情况进行后续审计，评价被审计单位采取的措施是否及时、合理、有效。

（2）后续审计的内容是检查被审计单位对审计结论的采纳与执行情况，评价被审计单位的执行效果。

（3）对被审计单位已执行的审计结论部分，在后续审计中应予以披露；对未执行的部分，应做出相应的处理。

【例 8-1】

# 黄 河 水 利 委 员 会
# 项目竣工决算审计工作方案

<table>
<tr><td>项目法人单位</td><td>××水文水资源局</td><td>项目名称</td><td>黄委×××水文测站<br>基础设施建设</td></tr>
<tr><td>项目建设日期</td><td></td><td>项目竣工日期</td><td></td></tr>
<tr><td>审计依据</td><td>水监〔2012〕370 号</td><td>审计时间</td><td></td></tr>
<tr><td colspan="4">审计的内容和重点：<br>建设项目竣工决算报表审计。<br>建设项目招标投标及政府采购审计。<br>建设项目投资及计划执行情况审计。<br>建设项目合同签订及执行审计。<br>建设项目支出审计。<br>建设项目交付使用资产情况审计。<br>建设项目未完工程及所需资金审计。<br>建设项目收入及结余资金审计。</td></tr>
<tr><td colspan="4">延伸审计内容：视审计情况进展决定</td></tr>
<tr><td colspan="4">审计程序和方法：(附页一)</td></tr>
<tr><td colspan="4">审计组成员及分工：<br>组　长：　　　主审人：<br>成　员：　　　　　（人员具体分工详见附页二）</td></tr>
</table>

审批：　　　　　　　　　　审核：　　　　　　　　　　编制：

附页一

## 审计的基本程序和方法

1. 制订审计工作方案，确定审计的范围、内容，审计组人员组成和分工。

2. 送达审计通知书到被审计单位。要求被审计单位按照《水利部基本建设项目竣工决算审计暂行办法》所规定的内容和审计通知书的要求做好迎审准备，并提供审计工作所需要的资料，以及提供审计资料的真实性、完整性的审计承诺书。

3. 审核建设项目计划、财务管理、会计账簿、凭证、报表、合同、建设项目管理办法等，做好审计记录，撰写审计底稿，搜集有关资料。

4. 筛选核定审计工作底稿，整理、汇总有关资料起草审计报告。

5. 向被审计单位征求对审计报告的意见。如存有异议，审计组应认真进行研究、核实。

6. 审计处出具审计意见或审计决定。

7. 下达审计意见书或者审计决定，交被审计单位执行。并在规定的时间内反馈执行情况。

附页二

## 人员分工

审计组组长：

为该建设项目审计负责人，负责审计组全面工作。负责审计底稿的审定和审计报告的审核。

主审：

撰写审计方案，下达审计通知书。现场审计期间负责全面调查收集审计报告所需要的各项资料、数据、文件等；撰写审计报告及其审计意见或审计决定。

成员：

负责建设项目竣工决算报表、投资及计划执行情况、建设项目支出情况、交付使用资产情况、未完工程及所需资金、收入及结余资金、项目招标投标等情况的审计。

**【例 8-2】**

# 审 计 通 知 书

黄水审通字〔201×〕1 号

××水文水资源局：

依据《水利建设项目竣工决算审计暂行办法》规定及你局《××水文水资源局关于对××水文水资源局×××建设项目进行竣工决算审计的请示》(黄水×〔201×〕×号)，我处拟组成审计组，对你单位"××水文水资源局×××建设"项目竣工决算进行审计。请予以积极配合，并提供有关资料和必要的工作条件。

审计组组长：

主　　审：

成　　员：

年　月　日

**【例 8-3】**

# 黄河水利委员会<br>审计意见书

黄水审意〔201×〕1 号

××水文水资源局：

根据黄水审通字〔2017〕×号审计通知书，水文局审计处组成审计组自 2017 年×月××日起采取就地审计的方式，对你局"水文水资源工程——甲水文站建设、水文水资源工程——乙水文站建设、水文水资源工程——丙水文站建设及××局基础设施建设"4 个基本建设项目进行了竣工决算审计，审计报告已经审定，现提出如下审计意见：

一、同意以上建设项目按照以下投资进行竣工财务决算：

1. 水文水资源工程——甲水文站建设项目决算资金为48.80万元。

2. 水文水资源工程——乙水文站建设项目决算资金为19.86万元。

3. 丙水文水资源工程——巴彦高勒水文站建设项目决算资金为19.73万元。

4. ××水文水资源局基础设施建设项目决算资金为36万元。

二、严格按照审计报告提出的问题进行整改，并在60个工作日内上缴水利审计机构。

三、加强基本建设项目管理，及时申报项目验收事宜。

附件：

1. 水文水资源工程——甲水文站建设项目竣工决算审计报告

2. 水文水资源工程——下河沿乙水文站建设项目竣工决算审计报告

3. 水文水资源工程——丙水文站建设项目竣工决算审计报告

4. ××水文水资源局基础设施建设项目竣工决算审计报告

年　　月

## 第四节　基本建设项目跟踪审计

### 一、跟踪审计的含义

**（一）跟踪审计的概念**

跟踪审计是指审计机构和审计人员运用审计技术，依据国家的有关法律、法规和制度规范，对建设项目从投资立项到竣工交付使用各阶段经济管理活动的真实、合法、效益进行审查、监督、分析和评价的过程。

**（二）跟踪审计的目的**

跟踪审计的目的是有效控制和真实反映工程造价，维护合法权益，完善建设项目管理，提高投资效益。

**（三）跟踪审计的对象**

跟踪审计的对象是重点基本建设项目，项目的建设单位是被审计单位，也可以根据审计需要延伸至有关勘察设计、施工、采购、材料供应、监理等单位。

**（四）跟踪审计的依据**

跟踪审计的依据是国家有关法律、法规和制度规范等。

系统内：《水利基本建设项目竣工决算审计暂行办法》《黄河水利委员会基本建设项目跟踪审计暂行办法》等。

**（五）系统内跟踪审计权限**

黄委各级审计部门按照管理权限对本级工程管理范围内的基建项目开展跟踪审计。

《水利基本建设项目竣工决算审计暂行办法》第十三条规定，由水利部及相关部门组织或主持验收的水利基本建设项目的竣工决算审计，除有专门要求外，一般由水利部审计室负责组织审计。其他水利基本建设项目的竣工决算审计，由主持该水利基本建设项目竣工验收的水行政主管部门的同级水利审计部门负责审计。（谁验收、谁审计）

《黄河水利工程建设项目验收管理规定》第二十三条规定，黄河水利工程验收实行统一管理、分级负责。竣工验收主持单位按以下原则确定：

(1)黄河下游防洪工程单项工程验收按投资规模大小实行分级负责。①单项工程总投资在1亿元(含)以上的单项工程由黄委或由其指定、委托的单位主持；②投资在1亿元以下的单项工程由项目所在辖区主管单位主持。

(2)黄河小北干流及三门峡库区黄河防洪工程单项工程验收由黄委主持。

(3)其他水利工程验收按照项目管理隶属关系，实行分级负责。委属单位本级的项目，由黄委主持；委属单位其所属单位的项目由相应委属单位主持。

根据这个规定，1亿元以上的大基建项目、黄河小北流和委属单位本级的项目由黄委验收、黄委审计。

《黄河水利委员会基础设施建设项目验收管理办法》(黄建管〔2008〕13号)第十四条规定，竣工验收主持单位按照以下原则确定：

(1)黄委机关的项目和总投资在1 000万元(含1 000万元)以上的项目，报水利部主持验收。

(2)总投资在1 000万元以下的项目，按照项目管理隶属关系，实行分级管理。①委属单位本级的项目，由黄委或由其指定、委托的单位主持。②委属单位所属单位总投资在500万元(含500万元)以上的项目，由黄委或由其指定、委托的单位主持；总投资在500万元以下项目由委属单位主持。

**(六)跟踪审计的实施程序**

跟踪审计的程序主要包括五个环节：审计规划阶段、审计准备阶段、审计实施阶段、审计完成阶段、后续审计阶段。

**(七)跟踪审计与传统审计的区别**

跟踪审计是将审计环节前移，将传统的事后审计转变为事前、事中审计，除了审查建设项目的施工过程和竣工情况，还参加到项目设计、招标投标阶段，更凸现出审计的风险防范和控制作用。

**(八)跟踪审计的实施方式**

(1)阶段性跟踪审计方式，是指将建设项目划分为若干审计阶段，各阶段事项完成后以此为控制点进行跟踪审计；也可以根据审计需求就单个审计事项进行专项审计。如在开工前准备阶段可以对建设项目的建设程序、勘察设计、招标投标等事项进行专项审计；工程实施阶段可以对工程进度、工程物资、造价管理等事项实施专项审计；工程竣工阶段可以对竣工验收、工程结(决)算等事项进行专项审计。

(2)连续性跟踪审计方式，是指审计人员全程参与建设项目执行过程中，对建设项目各阶段的管理内容进行及时、全面监督。除关注建设项目质量、进度、安全外，连续性跟踪审计往往更侧重于建设项目的造价控制审计。除关注建设项目质量、进度、安全外，连续性跟踪审计往往更侧重于建设项目的造价控制审计。

相对于阶段性跟踪审计，连续性跟踪审计的优势更加明显：一是及时性更强，二是审计监督的深度更深、范围更广，三是审计风险更小等，但对审计资源投入的要求也更高。

**（九）工程审计实施要点**

（1）把握好角色定位。跟踪审计主要涉及设计、建设、监理和施工四方，在跟踪审计中，审计作为第三方的参与者，要做到“到位而不越位”，与建设单位、监理单位和施工单位建立有效的沟通协调机制，要妥善处理各方面的关系 。

审计人员应当编制审计日记，及时记载跟踪审计具体内容、发现问题及整改情况等，审计日记要注重反映量化成果，要真实反映跟踪审计全貌。审计人员应根据工程建设进度，定期对各参建单位实际完成的工程内容、工程量、工程质量及存在的问题，按照“同步跟进、定期报告、迅速反馈、及时整改”的原则，编制审计底稿，出具审计报告及跟踪审计意见书，提出意见和建议，坚持边审计、边整改、边规范、边提高，切实发挥跟踪审计的积极作用。

（2）把握跟踪审计介入的时间。对于跟踪审计工作应从哪个阶段、哪个环节介入，没有统一标准。审计机构应在考虑被审计项目的建设规模、建设周期、建设要求、审计力量等多方面要素综合确定，建设项目的实施情况不同、审计要求不同，选择的介入时间也就不同。但是作为跟踪审计，不管何时介入，审计范围都应贯穿于建设项目的全方面，以保证跟踪审计的效果。此外，审计过程中，还应该体现跟踪审计的适时性，对项目建设的重要环节、重大活动应做到及时跟进。

（3）把握跟踪审计的重点和关键环节。跟踪审计实际上就是跟踪监督建设项目建设全过程的工作，沿着建设周期这条主轴展开全方面审计。由于跟踪审计涉及的内容较多，在跟踪审计过程中，尤其在审计资源和审计力量薄弱的情况下，审计机构应根据建设项目的特点、审计目标等因素确定审计的重点和关键环节。只有合理确定了审计的重点和关键环节，跟踪审计才能达到事半功倍的效果。

（4）对采用外聘审计中介机构的方式实施跟踪审计的项目，应特别关注对外聘中介机构和相关审计人员的选择。不应以审计费用的高低作为选择的主要标准，应综合考虑审计中介机构的专业水平、人员资质、服务质量、项目实施业绩等各项指标，合理确定选择标准。

## 二、跟踪审计的重点和关键环节

跟踪审计的重点环节主要包括建设项目开工前审计、建设项目施工阶段审计、建设项目竣工决算阶段审计 。

**（一）开工前审计**

开工前审计是对项目建设程序的合法合规性等进行的审计。主要对项目审批程序、招标投标、合同签订等重点环节进行把握控制。

1. 项目审批程序审计

项目审批程序主要审计内容如下：

（1）审查项目建议书、可行性研究报告、初步设计审批情况，是否经有权审批部门批准，手续是否完备、程序是否正确；

（2）项目法人组建情况，是否落实项目法人责任制；

（3）内部控制制度建立健全情况，内部控制制度是否全面、合理；

（4）规划和建筑许可证审批情况，工程开工是否符合规定；

（5）资金来源和落实情况；

（6）土地征用及移民安置情况等。

2. 工程招标投标阶段审计

工程招标投标阶段审计应在招标开标前,对工程量清单、招标方式、评标办法、招标文件、信息发布方式等方面进行审计监督。

工程招标投标阶段审计的主要内容如下:

(1)应该进行招标投标的建设项目是否进行招标,招标方式是否符合规定,是否存在规避招标、虚假招标、围标、串标等突出问题。

(2)工程量清单是否依据招标文件、施工图纸等内容编制,其内容和要求是否表述准确、完整,有无多算、少算、漏项,甚至大量的活口和暂定项目。

(3)标底编制是否合规、真实,是否控制在预算之内。

(4)投标单位的选择及资质的审查是否公正。

(5)评标和定标组织是否完善。

(6)评标过程是否公平、公正、合理。

3. 工程合同签订阶段审计

工程合同签订阶段审计是在合同形成初稿尚未正式生效前进行的审计。主要内容如下:

(1)审查签订的合同是否严密、可靠、合法、合规,应订立合同的交易事项是否都订立了合同;

(2)对涉及专业性较强的条款,审计人员应咨询或通过专家论证,尤其应重点审查合同条款及补充协议条款是否与招标文件、投标文件有实质性背离;

(3)与工程结算直接相关的条款,如价款结算和调整办法、风险分担的划分等,是否全面、清晰、准确;

(4)合同当事人主体资格是否真实;

(5)是否按照中标人的投标文件和中标通知书的内容订立合同;

(6)合同条款是否齐全、严谨、公平、合法,承包合同双方的权利和义务是否明确,双方责任划分是否清楚;

(7)合同是否对工程分包提出相应的资质、能力、范围等规定;

(8)对国家相关主管部门、上级单位以及本单位规定有规范合同文本的,所签合同是否采用了规范性文本;

(9)招标项目合同是否进行备案等。

**(二)施工阶段审计**

项目施工阶段审计主要内容包括:工程项目管理相关职能部门内部控制制度的设置和落实情况评审,隐蔽工程现场核查,设计变更审查,合同履行审查,现场材料及设备变更的签证,材料及设备价格调整的签证,工程索赔款审查,工程价款结算审查等。

1. 工程施工进度审计

工程施工和进度审计的主要内容如下:

(1)检查施工单位的法人证书、营业执照、资质等级证书,看是否与投标书和合同相符。

(2)检查施工单位有无转包工程或违法分包工程的情况。

(3)检查施工单位现场施工技术方案、施工机械设备、施工方法、安全措施、技术人员的到位情况,看是否与投标书施工组织方案相符。

(4)检查工序签证单,是否有监理签证。

(5)检查工程施工是否与合同、概算批复一致,有无超标准、超规模建设问题。

(6)检查施工进度,看是否与合同要求相符,找出影响工程进度的主要原因。

2. 工程质量审计

工程质量审计的控制目标是确定各工程参建单位的质量管理体系是否建立健全并有效运行,工程质量是否符合设计要求,是否存在质量隐患和事故。工程质量审计采取现场审计的方式,可用观察、询问、测试等方法进行。

工程质量审计的主要内容如下:

(1)检查工程项目部、施工单位、监理单位的质量管理制度是否建立健全并有效运行。

(2)查阅质量监督部门对工程使用的设备、材料、构配件的检测结果,质量是否合格,有无假冒伪劣产品。

(3)检查施工过程中的现场签证、材料改代等程序是否合规,签证是否真实。

(4)对在建或完工工程质量进行抽查测试,审计人员可自行委托或要求施工单位委托检测单位检测。

3. 隐蔽性工程审计

隐蔽性工程对工程质量及工程造价影响很大,也是最难监督、容易产生争议和滋生腐败的地方,所以对隐蔽性工程的审计应列为跟踪审计的重点。审计部门可采用记录、计算、丈量、拍照、录像等方法,与建设单位、监理部门、施工部门共同对隐蔽工程量进行现场取样和印证,并及时做好隐蔽工程跟踪审计底稿的记录,涉及造价增减的,要做到图片、文字资料齐全,及时办理确认手续并存档。

4. 材料及设备价格审计

一般来说,材料及设备是构成工程成本的主要组成部分,因此跟踪审计应特别关注对材料及设备价格的审计监督,尤其是主要材料及重要设备。材料及设备价格确定要根据合同条款进行区分。

(1)如果合同为统包价,跟踪审计主要审核材料及设备规格、型号、质量等选择是否与合同承诺一致。

(2)如果合同以最终决算审计作为基础,则要对进场材料及设备的规格、型号、价格等内容进行复核。同时,要进行必要的市场询价。

(3)材料若为建设方自行购买,则要对材料购买各关键环节进行审计监督。

5. 合同履行阶段审计

合同履行审计是合同生效后至履行完毕或终止,对合同执行过程中的履行情况进行的审计,主要内容如下:

(1)签订合同的主体与履行合同的主体是否一致,双方是否按合同规定的条款全面履行义务;

(2)合同的价款或酬金是否按合同约定支付,有无更改和变动,实际支付时有无按合同的约定将收款支付给第三方的情况;

(3)是否存在大额现金结算支付的方式;

(4)支付合同价款或酬金时有无提前、拖欠、多付的情况,是否按合同的规定扣回预付款;

(5)预留的质保金有无不按合同中的规定提前支付的情况；

(6)合同付款时是否严格按照规定履行审批程序和权限进行签证,相关部门是否履行相应的管理职责；

(7)履行合同的地点是否与合同约定相同；

(8)履行合同的期限和逾期罚款是否执行合同的规定；

(9)对不履行或没有完全履行合同的主要原因、责任及造成的损失情况是否查清,违约责任是否按合同约定方式承担；

(10)合同规定事项全部履行完毕,履行质量、数量、验收经济效益水平是否达到合同要求；

(11)双方协商一致终止履行合同,解除原因、责任归属、已履行的部分及双方权利保护情况,解除行为对单位利益、国家利益的影响情况；

(12)合同履行中有无弄虚作假、假公济私等腐败行为。

6.工程变更的审计

工程变更的内容主要涉及工程设计变更、建设方对施工方提出的工程变更要求等方面。工程变更对于工程造价的控制起着重要作用,也是容易出现问题的地方。有些施工企业为了能够中标,在投标时尽量压缩利润,报低价,然后在施工过程中,再企图通过虚假设计变更来适当增加企业利润;有些施工企业,往往通过虚假设计变更来动用预备费及消化竣工结余资金。跟踪审计中应对工程实施过程中的变更工程、追加工程实行严格把关,首先确定其变更的合理性、可行性,审核其变更手续是否完备,其次要做好对变更工程的现场监督和工程量的核实工作,确定现场签证涉及的造价额度,以防止超支或虚假现象发生。

7.资金管理审计

资金管理审计的主要内容如下:

(1)建设资金是否专户储存、专款专用；

(2)检查工程进度款拨付是否符合规定程序,是否按合同约定付款,是否与工程进度配比；

(3)有无挤占挪用、滞留不用或者外借使用等问题,另外还要关注大额资金往来及清算等问题。

**(三)竣工决算阶段审计**

项目竣工决算阶段审计的主要内容包括:价款结算在充分利用施工期对隐蔽性工程量、材料价格、工程变更等跟踪审计成果的基础上,最后对决算工程量、定额套用、工程取费及材料价差等进行详细审查,锁定工程造价,合理确定工程建设成本;另外,在竣工决算审计阶段还要关注未完工程及预留费用、交付使用资产、基建收入及竣工结余资金的审计。

## 三、发现的主要问题及案例分析

审计发现的问题主要表现在以下几个方面:招标采购环节、合同签订环节、合同履行环节、设计变更审批、建设成本使用管理、建设资金使用管理、竣工决算环节。

## (一)招标采购环节不符合规定

### 1. 招标环节不符合规定

1)招标环节不符合规定主要表现

(1)应招标的项目没有招标,通过直接发包或通过合同变更的方式续签合同。

(2)不按规定招标。主要是公告方式、公告时间、投标人资格审查等方面未按规定执行。

(3)个别中标单位的推荐与选定缺乏必要的依据,不是第一中标人中标,且手续不全。

(4)为规避招标,分标过细,不利于建设管理、施工管理和责任的认定。

2)容易发生规避招标的项目

(1)附属工程。附属工程一般比较小,建设单位容易忽视,有些单位还有“只要主体工程招标了,附属工程就不用招标”的认识误区。

(2)在项目计划外的工程。计划外工程从一开始就没有按规定履行立项手续,所以招标投标也就无从谈起。

(3)施工过程中矛盾比较大的工程,建设单位为了平息矛盾,违规将工程直接发包给当地村民。

3)招标环节不符合规定的原因分析

产生上述问题的主要原因如下:

(1)利益分配问题;

(2)监督不到位;

(3)责任心不强。

4)处理意见和建议

(1)对于问题已经发生的,一般不能直接整改落实,正常情况下是对以后的工作提出要求。

(2)对造成重大经济损失或造成重大社会影响的,提出追究有关责任人责任的建议。

**案例一:肢解工程,化整为零**

审计人员在对某单位基地综合楼建设项目审计过程中发现,办公区绿化合同金额达383万元,道路合同金额798万元,均已超过了国家规定的公开招标的限额标准,但建设单位将绿化划分为办公区标段、东区标段、西区标段共计3个标段,道路按总平面布置图分为A、B、C、D、E、F共计6个标段,因此每个标段合同金额均在200万元以下,进行了直接发包。

问题分析:此种做法属于典型的肢解工程,化整为零,规避招标的行为。

**案例二:招标信息公开度不足,规避招标投标程序**

在对某项目开展跟踪审计过程中,审计人员发现该项目综合楼、职工宿舍等单项工程虽采用公开招标的方式,但在查阅评标文件时并未见此部分单项工程在网上公开招标的相关信息。经落实情况,其只在当地报纸进行了信息发布,并未按规定在网上公开发布消息,因此只有少数几家甚至刚好3家得到消息的单位参加了投标。

问题分析:招标信息公开度不足,规避招标投标程序,大大限制了市场竞争能力。

**案例三:违背建设项目招标投标程序**

某项目一期特殊消防招标时,其招标投标文件发售开始日期为2017年3月10日,但其开标时间为2017年3月25日,从发售招标文件到开标只有15天。因时间过短,投标单位对现场实际情况了解不够，对招标文件及清单内容缺乏足够理解，对清单中的新型消防材料市场价格调查出入很大，造成几家投标方投标报价悬殊，最终以最低价中标。但合同在执行中发现，其消防主材价格与市场价格偏离太远，执行相当困难。为顺利推进工程进度以及保证质量，最终承发包双方协商，以市场确认价格为主。

问题分析：因招标信息公开度不足，投标方编制报价文件准备时间不足，才出现此类情况，使招标投标活动失去了最根本的竞争意义。

**案例四：排斥竞争，以邀代标**

在对某电厂跟踪审计中发现，该电厂厂址地处农村，需要从当地交通局小区内接入一条进场道路，该进场道路标准与主公路相同标准和设计施工，因此该工程于2010年5月20日以主公路原中标单位的综合单价为标底单价进行了邀请招标，参加招标的为辖区主公路几个标段的施工单位，最终几家投标单位均以高于标底价综合单价的10%、15%、20%进行了投标，中标单位以标底价上浮10%中标，该价格经测算高于当地同期施工水平。

问题分析：建设方以地理位置特殊、当地村民阻挠等原因，将本应公开招标的道路工程采取邀请招标方式，大大限制了市场竞争力，导致工程成本直接提高。

**案例五：签订补充协议**

某电厂主厂房桩基采取招标方式确定了乙施工单位为中标单位，而主厂房以外的其他工程的桩基未进行招标投标，直接以主厂房桩基单价计，甚至有部分建筑物桩基高于主厂房桩基单价的市场价格，以补充协议的方式直接委托乙施工单位负责实施，补充协议金额高达3 000万元。

问题分析：以补充协议方式将应该公开招标的项目直接委托乙施工单位负责实施，导致工程成本增高。

5）该环节适用的法律法规

《中华人民共和国招标投标法》、《中华人民共和国招标投标法实施条例》（国务院令第658号，2015年3月1日起施行）、《工程建设项目招标范围和规模标准规定》中规定，建设项目的勘察、设计、施工、监理以及与工程建设有关的重要设备、材料等的采购，达到下列标准之一的，必须进行招标：

（1）施工单项合同估算价在200万元人民币以上的；

（2）重要设备、材料等货物的采购，单项合同估算价在100万元人民币以上的；

（3）勘察、设计、监理等服务的采购，单项合同估算价在50万元人民币以上的；

（4）单项合同估算价低于第（1）、（2）、（3）项规定的标准，但项目总投资额在3000万元人民币以上的。

《中华人民共和国招标投标法》第二十四条规定，招标人应当确定投标人编制投标文件所需要的合理时间；但是，依法必须进行招标的项目，自招标文件开始发出之日起至投标人提交投标文件截止之日止，最短不得少于20日。

《中华人民共和国招标投标法》第六十六条规定，涉及国家安全、国家秘密、抢险救灾或者属于利用扶贫资金实行以工代赈、需要使用农民工等特殊情况，不适宜进行招标的项目，按照国家有关规定可以不进行招标。

系统内部发现问题：

部分项目未按规定组织招标投标，承包单位无资质。

上级将某基础设施建设项目下达某基层单位总计2 651.05万元。其中某工程技术开发有限公司(其下属企业,没有施工资质)承建该项目28个土建及设备安装工程,签订了14个建设工程合同,合同价款共计1 985.79万元,均未进行招标。其中施工单项合同金额超过200万元的有2个,合同金额共计1 459.28万元。

问题分析:单位利益。

适用法律法规:《中华人民共和国建筑法》第十三条规定,从事建筑活动的建筑施工企业、勘察单位、设计单位和工程监理单位,按照其拥有的注册资本、专业技术人员、技术装备和已完成的建筑工程业绩等资质条件,划分为不同的资质等级,经资质审查合格,取得相应等级的资质证书后,方可在其资质等级许可的范围内从事建筑活动。

2. 政府采购环节不符合规定

1)政府采购环节不符合规定的主要表现

(1)应该采取公开招标方式的,规避公开招标,将标的拆分采购。

(2)超出规定权限范围进行采购。

(3)采用询价方式进行采购的,采购程序不规范。

(4)询价记录和政府采购小组决策手续不全。

2)原因分析

(1)利益分配问题;

(2)监督不到位;

(3)责任心不强。

3)处理意见和建议

(1)问题已经发生,一般不能直接整改落实,正常情况下是对以后的工作提出要求。

(2)对造成重大经济损失或造成重大社会影响的,提出追究有关责任人的责任的建议。

**案例一:虚假投标**

审计发现某单位综合办公楼项目公开招标采购办公家具,采购预算150万元。根据招标文件的要求,所有家具的板面采用双层中密度板加胡桃木皮贴面。某供应商在投标时完全响应招标文件的一切要求,而且还选用了较好的材料,如中密度板就选用了××牌优质一级中密度板,此外报出了一个惊人的低价(110万元),最终该供应商被推荐为第一中标人。合同签订过程中,该供应商与采购人协商,以××牌优质一级中密度板市场脱销为理由,将中密度板换成了品质较差的另外一个品牌,且合同金额不变;作为补偿,该供应商在合同中将免费维保期增加一年。合同履行过程中,采购单位又与供应商签订补充合同,追加13.80万元办公家具的采购费。

问题分析:①该供应商在明知将来实际使用较差品质的中密度板的前提下,依然在投标时投报较好品质的木材,还报出了惊人的低价,这是一种典型的虚假投标行为。②供应商与采购人协商,"将中密度板换成了品质较差的另外一个品牌,且合同金额不变;作为补偿,该供应商在合同中将免费维保期增加一年",对标书的实质性内容进行了修改。③补充合同金额超过原合同(110万元)的10%。

**案例二:招标规定不明确**

某单位基建项目采购传真机,由于项目标的不大,采用询价方式进行采购。在采购过程中,一款机器由于事先没有说明,故报价的几家供应商有的是标准配置,有的带选装件,而且各家由于理解不同,所配的选装件也不一样。为此经采购中心工作人员认可,询价小组对机器的配置情况做了统一,随后又让供应商重新填报了报价,并根据报价最低的原则选择了成交供应商。

问题分析:由于需采购的一款机器配置的规定有问题,因此在询价过程中就应该宣布这个分项不能成交,应重新采购,而不能让供应商重新报价,违反了询价中"要求被询价的供应商一次报出不得更改的价格"的规定。

适用的法律法规:《政府采购法》第三十二条规定,采购的货物规格、标准统一、现货货源充足且价格变化幅度小的政府采购项目,可以依照本法采用询价方式采购。第四十条规定,采取询价方式采购的,应当遵循下列程序:(一)成立询价小组。询价小组由采购人的代表和有关专家共三人以上的单数组成,其中专家的人数不得少于成员总数的三分之二。询价小组应当对采购项目的价格构成和评定成交的标准等事项做出规定。(二)确定被询价的供应商名单。询价小组根据采购需求,从符合相应资格条件的供应商名单中确定不少于三家的供应商,并向其发出询价通知书让其报价。(三)询价。询价小组要求被询价的供应商一次报出不得更改的价格。(四)确定成交供应商。采购人根据符合采购需求、质量和服务相等且报价最低的原则确定成交供应商,并将结果通知所有被询价的未成交的供应商。

系统内部发现问题:

第一类问题:超出权限采购。

《黄河水利委员会政府采购管理办法》第十二条规定,符合下列条件之一的政府采购,由黄委采购办负责组织实施,其余的政府采购由各级采购单位组织实施。

纳入委级集中采购目录的项目:①各种小汽车、面包车等车辆购置;②委属驻郑事业单位车辆维修;③委属驻豫事业单位车辆保险;④委属驻郑事业单位公务会议接待服务;⑤委属驻郑事业单位办公用品;⑥委属驻郑事业单位公务印刷;⑦委属驻郑事业单位车辆加油;⑧黄委直属正厅级单位采购单项或批量50万元以上的货物和服务、60万元以上的工程项目,黄委直属副厅级以下(含副厅级)单位采购单项或批量30万元以上的货物和服务、40万元以上的工程项目。

《黄河水利委员会政府采购管理办法》(黄财务〔2016〕114号)第五条规定,黄委政府采购工作实行统一管理,分级负责。第十条规定,政府采购组织形式分为集中采购和分散采购。第十一条规定,集中采购按照国务院颁布的政府集中采购目录及有关规定执行。第十二条规定,目录以外且分散采购限额标准以上的货物、工程和服务进行分散采购,符合下列条件之一的由黄委政府采购办负责组织政府采购,其余由各预算单位自行负责组织政府采购:①黄委直属驻郑正厅级及其所属住郑单位,政府采购金额达到公开招标数额标准以上的采购项目;②黄委直属驻郑副厅级及其所属驻郑单位,政府采购金额达到分散采购限额标准以上的采购项目;③根据管理工作需要定点采购的。

第二类问题:规避采购权限或公开招标。

《黄河水利委员会政府采购管理办法》第十四条规定,公开招标应作为黄委政府采购的主要采购形式,政府采购货物、服务和工程项目,单项或批量采购金额一次性达到100万元以上的,必须采用公开招标方式。

第三类问题:不符合单一来源采购的范围,直接签订合同单一来源采购。

《黄河水利委员会政府采购管理办法》第十七条规定,达到限额标准以上的单项或批量采购项目,属于下列情形之一的,经政府采购主管部门批准,可以采取单一来源采购方式:

①只能从唯一供应商处采购的；②发生了不可预见的紧急情况，不能从其他供应商处采购的；③必须保证原有采购项目一致性或者服务配套的要求，需要继续从原供应商处添购，且添购资金总额不超过原合同采购金额百分之十的。

第四类问题：询价记录和政府采购小组决策手续不全。

询价是单位在自行采购权限范围内最常采用的采购方式，但审计过程中经常发现询价不规范情况，或没有保管询价记录、材料，或没有单位政府采购小组决策的记录，手续不规范。

**（二）合同签订环节不符合规定**

1. 合同签订环节不符合规定的主要表现

（1）合同签订形式不规范，无签订日期，无负责人签字，甚至不盖公章；

（2）合同签订内容不规范，预付款约定超过30%不符合规定；

（3）同关联单位签订合同，签订一次性付款合同，不留质保金；

（4）合同签订文本不规范，不能完全履行合同，合同变更时，不及时办理变更手续；

（5）经济合同主体不合法，以项目部或内设机构名义签，不具有合同签订资格；

（6）部分单位未建立经济合同管理制度，也没有明确部门和专人负责经济合同的管理工作；

（7）签订的合同无“违约责任”与“解决争端的方式”等方面的内容，存在违约责任不明确、有关处理处罚的条款缺乏约束力、对可能引起争端的某些潜在因素考虑不周全、风险意识不强等问题。

2. 原因分析

合同管理意识不强，不能全面掌握《合同法》等法律法规，资金支付进度压力大。

3. 处理意见

（1）对因合同管理不善而多支付的款项要收回，需要追究责任的，提出追究责任的建议。

（2）对能完善相关手续的，要求完善相关手续。

（3）提出加强合同管理制度建设、对合同管理人员加强培训和岗位责任教育的管理建议。

**案例一：违反国家法律法规，将工程发包给不具备施工资质的单位进行施工**

某火力发电厂工程于2007年5月通过国家发改委批准立项，项目初步设计概算总投资421 600万元，工程概算静态投资387 567万元，动态投资418 787万元，发电厂规划建设2台660千瓦发电机组等工程。2008年8月，项目单位与×××科技公司签订《××火电厂排水口临时围堰施工合同》，合同金额36.54万元。

《中华人民共和国建筑法》第十三条规定，从事建筑活动的建筑施工企业、勘察单位、设计单位和工程监理单位，按照其拥有的注册资本、专业技术人员、技术装备和已完成的建筑工程业绩等资质条件，划分为不同的资质等级，经资质审查合格，取得相应等级的资质证书后，方可在其资质等级许可的范围内从事建筑活动。

问题分析：相关部门未能严格根据合同管理要求，对合同对方的基本情况及资信状况进行有效调查。

审计意见及建议：建议相关部门加强合同签订前的基本情况调查工作，增强法律意识，避免相应的合同执行风险。

**案例二:与非法人单位或其他组织签订合同**

2018 年 12 月,上述火力发电项目单位与×××消防有限公司第七分公司通过洽商签订《×××发电厂工程消防验收委托合同》,合同金额 30 万元。

问题分析:相关部门未能严格根据合同管理的要求,对合同对方的基本情况及资信进行有效调查。

《中华人民共和国合同法》第二条规定,本法所称合同是平等主体的自然人、法人、其他组织之间设立、变更、终止民事权利义务关系的协议。

审计意见及建议:建议相关部门加强合同签订前的基本情况调查工作,增强法律意识,避免相应的合同执行风险。

**案例三:合同未采用规范文本,致使合同内容不完善**

某工程建设项目船闸加固工程施工合同拟委托××省东南特种技术工程有限公司。根据承包方提供的加固处理意见,合同预估费用 30 万元。最后经协商为一次性包死 25 万元,其合同内容包括船闸上部结构的测绘、鉴定、设计、加固施工,并且是包工包料。

发现问题:该合同缺少详细的合同价格组成表及相关的经济数据组成文件,合同附件不完整,不利于合同费用的控制与调整。

问题分析:未能采用规范的合同架构及合同文本。

审计意见及建议:建议规范单位内部通用合同构架及合同文本,完善相关合同条款。

**(三)合同履行环节不符合规定**

1. 合同履行环节不符合规定主要表现

(1)不按合同约定支付工程款。

(2)工程支付手续不符合规定。

2. 原因分析

主要表现在合同管理意识不强,不能全面掌握《合同法》等法律法规,不影响支付进度要求。

3. 审计意见及建议

(1)对因合同管理不善而多支付的款项要收回,需要追究责任的,提出追究责任的建议。

(2)对能完善相关手续的,要求完善相关手续。

(3)提出加强合同管理制度建设、对合同管理人员加强培训和岗位责任教育的管理建议。

**案例一:预付工程款比例过大,存在潜在财务风险**

2010 年 8 月 27 日,某事业单位与 H 建设集团有限公司签订综合楼施工合同,合同价款 1 349.18 万元,合同工期 450 天。

2010 年 9 月 17 日和 12 月 23 日建设单位分两次支付给 H 建设集团有限公司预付工程款 400 万元和 700 万元,共计 1 100 万元。上述预付的工程款的支付申请书中,均无监理单位的签字。

问题分析:施工合同签订后 1 个月内,共预付工程预付款 1 100 万元,占总合同价款的 81.53%,预付比例过大,存在潜在财务风险。

审计意见及建议：加强工程预付款管理。

**案例二：未按合同规定内容扣留工程保修金**

某事业单位局与下属C工程技术开发公司共承担了18个基本建设任务，签订了14个建设工程合同，《合同法》第五条规定，根据工程进度到全部工程完工验收合格付至总承包款的95%。扣留总承包款的5%保修金，交付使用半年结清保修金。但审计发现该单位与C工程技术开发公司在项目竣工前已全部结清建设资金1 382.23万元，没有按照合同规定扣留69.11万元的工程保修金。

问题分析：工程支付进度压力大，合同对方为其下属单位。

审计意见及建议：今后要严格按照合同预定内容执行，堵塞可能存在的漏洞。

《黄委关于加强基本建设资金使用管理若干规定（试行）》（黄监〔2003〕6号）第四条也明确规定，不得以任何方式从零余额账户向国库支付试点单位或本单位其他资金账户转移资金。转移到其他账户的资金，脱离了相关的国库资金支付监管，形成小金库。

工程预付款和工程进度款支付程序：①承包商申报完成的工程量；②监理工程师审核；③建设单位有关业务部门（工程技术管理部门、合同管理部门等）审核；④财务部门审核；⑤单位负责人审批后办理支付。

承包商完成的工程量需经监理审核同意，支付申请表上需要监理工程师，建设单位有关人员的签字，但有的单位支付工程款时手续不规范，最常见的就是缺少监理签字和建设单位业务部门有关人员的签字。

工程预付款的附件：报销时应当提供原始发票、合同（或协议）、建设工程支付申请书（或支付申请证书）、工程量清单、建设工程价款结算单、完工验收文件等原始单据。要严格按照批复的概预算内容实施，无概算、超概算、超规模的工程支出不予报销。

**（四）设计变更审批不符合规定**

1. 设计变更审批不符合规定的主要表现

（1）主要由于优化设计、赶工期、节省投资、地质条件变化等原因，对基本建设项目初步设计进行必要的变更；

（2）存在少数认为提高水利基本建设规模和标准的；

（3）项目设计变更和增加建设项目未报有关部门审批。

2. 原因分析

（1）时间来不及。

（2）项目法人对设计变更的认识理解存在偏差，对部分设计变更的认为不属于设计变更，或对设计变更的层次理解偏差。

（3）主管部门不愿意审批，认为设计变更时没有及时上报，特别是由于部分项目法人在设计变更时不及时向主管部门报告，主管部门不掌握情况，无法审批。

3. 处理意见和建议

（1）明确设计变更的性质；

（2）报主管部门审批；

（3）项目法人履行审批手续。

**案例一：设计变更内容及新增费用计算存在问题**

某单位新建一器材仓库，根据工程需要，该器材仓库一层北面部分施工项目需要变更做法。根据设计变更单描述,拟将原来的外走廊并入室内,为便于后期使用,增砌了部分隔墙,并将原设计铝合金玻璃门(尚未施工)改为电动卷闸门,共变更增加卷闸门5樘,面积合计131.25平方米。承包商就以上变更申请增加费用17.25万元。

发现问题:在审查过程中,经分析变更资料,结合原有投标文件及施工合同的相关描述与约定,发现该设计变更存在以下问题:

(1)设计变更对电动卷闸门的具体做法未做详细描述,对材质的要求不明确;

(2)承包商申请的变更费用未扣除原合同价中铝合金玻璃门的费用;

(3)承包商的报价原则未执行合同约定的调价方式。

问题分析:造成上述问题出现的原因有:

(1)由于设计人员未与建设单位相关人员沟通,在设计该电动卷闸门时未考虑工程实际情况,仅按照常规做法设计了该电动卷帘门;

(2)承包商在申请变更费用时只增不减,意图蒙混过关;

(3)该项目招标文件约定投标人应采用清单计价的方式进行报价,设计变更的计价方式应参照执行,但设计变更报价中,承包商按照定额计价的模式进行该报价。

审计处理意见及建议:就以上问题,审计人员协同建设单位 、设计单位、监理单位及施工单位做出如下处理:

(1)根据现场实际情况,建议设计人员细化卷帘门设计图纸,并要求电动卷帘门除遥控启动外,另增加就地电动按钮和手动系统,以防发生故障。同时,由于该卷帘门跨度较大,且当地风力较强,建议增加活动防风杆,加强卷帘门强度。

(2)对已经取消的铝合金玻璃门,在本次变更费用中按合同价做相应调减。

(3)变更费应严格按照合同约定的计价方式计算相关费用,合同中已有适用于变更工程的价格,按合同已有的价格变更合同价款;合同中只有类似于变更工程的价格,由承包人或发包人提出适当的变更价格,经双方确认后执行。如双方不能达成一致,双方可提请工程所在地工程造价管理机构进行咨询或按合同约定的争议纠纷解决程序办理。

该设计变更承包商申报费用为17.25万元,经审查,审定金额为8.62万元,核减8.63万元,为建设单位节约了一定的建设资金。

系统内部发现问题:

案例一:设计变更未履行报批手续。

上级批复某基层单位基地建设项目征地1亩,新建生产业务用房507平方米,供暖设施1套,供电线路2千米,供水给排水设施各1套,院墙80米,大门1座,站院硬化100平方米,绿化100平方米。实际购置当地盛祥小区1号楼532.75平方米,单价0.28万元/平方米,共计149.76万元,没有进行报批手续。

问题分析:直接购置比征地建设性价比高、实际效果要好,考虑到履行报批周期和房价上涨因素,没有及时报批。

案例二:设计变更未履行报批手续。

上级批复某基层单位基地建设项目征地1亩,新建生产业务用房507平方米,供暖设施1套,供电线路2千米,供水给排水设施各1套,院墙80米,大门1座,站院硬化100平方米,绿化100平方米。实际购置当地盛祥小区1号楼532.75平方米,单价0.28万元/平方米,共计149.76万元,没有进行报批手续。

案例三:预备费动用未批复。

2008 年 4 月 28 日,上级批复某单位一建设项目总投资 593 万元,其中基本预备费17.28 万元。截至 2010 年 12 月 31 日,该项目已经完成全部支出 593 万元,未见到预备费使用的申请、批准文件。

问题分析:因材料价格上涨等因素,直接使用未报批。

案例四:预备费动用在先,批复在后。

2017 年 8 月 11 日,上级批复某基层单位可动用项目预备费用于工程建设。但审计发现,该建设项目投资 289.65 万元(含预备费 8.57 万元),2016 年 12 月 10 日已全部结算。动用预备费时间在批复之前。

问题分析:发现问题后补办。

适用法律法规:

《黄河水利委员会水利基本建设项目设计变更管理办法(试行)》(黄规计〔2013〕497 号)关于设计变更审批与实施,第十四条规定,工程设计变更实行分级管理制度,重大设计变更文件由项目法人按原报批程序报黄委或经黄委转报原初步设计审批单位审批;一般设计变更按照工程招标节余和预备费额度控制,分别由项目法人、区段主管单位、黄委审查确认或审批。合同规定的变更事项按合同执行。

《黄河水利委员会水利基本建设项目设计变更管理办法》(黄规计〔2016〕199 号)第十五条规定,工程设计变更实行分级管理制度,重大设计变更文件报原初步设计审批单位审批;一般设计变更按照内容,分别由黄委、区段或行业内主管单位、项目法人审批或审查确认。合同约定的变更事项按合同执行。

《黄河水利委员会直属单位基础设施建设投资计划管理办法》(黄规计〔2014〕279 号)第二十九条规定,严格项目设计变更管理,项目单位、建设性质、建设地点、建设规模、技术方案等发生重大变更的由项目法人按原报批程序,报原初步设计审批单位审批。一般设计变更由项目法人组织审查批准后实施,并报项目主管部门核备。第三十条规定,项目需要动用预备费的,由项目法人审批,报项目主管部门核备。

基本建设项目的预备费由黄委审批,招标节余由区段主管单位、项目法人审批;基础设施项目的一般设计变更(包括预备费的使用)都是由项目法人审批。

**(五)成本管理不符合规定**

这一阶段的主要问题:将概算外的与工程项目无关的支出列入工程成本;建设单位管理费超支、挤占建设单位管理费等;设备材料与工程需要严重不符等 。

1. 建设单位管理费超支

1)建设单位管理费超支主要表现

建设单位管理费的实际支出超过了规定的标准较多,没有按照财政部《基本建设财务管理规定》的要求,经同级财政部门批准。

2)原因分析

(1)标准比较低;

(2)管理难度大;

(3)控制不严格。

3）审计处理意见及建议

评价建设单位管理费的开支是否符合建设单位管理费的开支范围，标准是否突破。对不符合开支范围的，应核减；对超标准的，要提出批评的意见；对合理开支的，要求项目法人对建设单位管理费超支的原因进行进一步分析，今后应加强管理。

2. 建设单位管理费列支内容

《基本建设财务管理规定》（财建〔2002〕394号）第二十一条规定，建设单位管理费是指建设单位从项目开工之日起至办理竣工财务决算之日止发生的管理性质的开支。

建设单位管理费包括不在原单位发工资的工作人员工资、基本养老保险费、基本医疗保险费、失业保险费、工伤保险费、住房公积金、办公费、办公场地租用费、差旅交通费、劳动保护费、工具用具使用费、固定资产使用费、零星购置费、招募生产工人费、技术图书资料费、业务招待费、施工现场津贴、竣工验收费和其他管理性质开支。

业务招待费支出不得超过建设单位管理费总额的10%。不能预提、不能转移，"合理合规"核算，准确划分、合理界定。

按照《中央预算单位公务卡管理暂行办法》执行。

会议费、培训费报销时应当提供会议（培训）审批表、会议（培训）通知、实际参会人员签到表、定点宾馆等服务单位提供的费用原始明细单据、电子结算单等凭证。要严格按规定审核会议（培训）费开支，对未列入年度会议（培训）计划，以及超范围、超标准开支的经费不予报销。

专家咨询费是支付给临时聘请的咨询专家的费用。专家咨询费不得支付给参与项目管理相关的工作人员及在本单位发放工资的在职职工。

**（六）建设资金使用管理不符合规定**

1. 建设资金使用管理不符合规定的主要表现

（1）已完项目长期挂账。

（2）项目竣工后仍支付无关费用。

（3）用大额现金支付工程款。

（4）建设资金利息收入长期挂账不处理。

（5）财务手续不完善。

2. 原因分析

（1）主观原因是制度办法掌握不够，工作不主动，追求简单方便。

（2）客观方面是有些制度本身存在缺陷执行难度较大。

3. 处理意见及建议

（1）对发现的问题，能够整改的立即整改；对不能整改的，应分析原因，说明情况，防止类似问题再次发生。

（2）对建设资金使用情况进行自查，发现问题的抓紧完善。

（3）在分析具体原因的基础上，对加强管理提出建设性的建议。

**（七）竣工决算环节不符合规定**

1. 竣工财务决算编制不及时

1）竣工财务决算编制不及时的主要表现

建设项目竣工后，不在规定时间编制竣工财务决算，有的项目甚至久拖不决。

2)原因分析

(1)管理体制造成;

(2)编制条件不具备;

(3)领导重视不够。

3)处理意见

加强对竣工财务决算编制的组织领导,提高对编制竣工财务决算重要性的认识,保证竣工财务决算编制人员到位,经费落实到位,为竣工财务决算编制提供组织保障。

4)适用法律法规

《基建设财务管理规定》(财建〔2002〕394 号)第三十七条规定,建设单位应在项目竣工后3个月内完成竣工财务决算的编制工作。《水利部基本建设项目竣工财务决算管理暂行办法》(水财务〔2014〕73 号)第十五条规定,大中型工程类项目(经营性项目概算总投资5 000万元以上、非经营性项目概算总投资3 000 万元以上)竣工财务决算应在满足编制条件后三个月内完成,小型工程类项目竣工财务决算和非工程类项目竣工财务决算编制应在满足编制条件后一个月内完成。若有特殊情况无法在规定期限内完成的,应说明理由和延期时间报经竣工验收主持单位同意,其中大中型工程类项目和投资额1 000 万元以上的非工程类项目延期需报水利部同意。

2. 资产竣工交付使用不规范

1)资产竣工交付使用不规范的主要表现

(1)资产交付不及时;

(2)资产交付的数量、金额不一致;

(3)资产交付的使用单位不对。

2)原因分析

(1)管理制度不落实;

(2)资产管理规范;

(3)计算有误。

3)处理意见

加强对竣工资产的验收组织领导,建立健全资产验收及管理的相关制度,加强资产管理。

3. 未完工程投资和预留费用环节不规范

建设项目符合国家规定的竣工验收条件,若尚有少量未完工程及竣工验收等费用,可预计纳入竣工财务决算。

大中型项目需控制在总概算的3%以内,小型项目需控制在5%以内。

未完工程投资及预留费用主要包括未完工程、竣工验收费用、管理费用等。

项目竣工验收时项目法人应将未完工程及费用的详细情况提交项目竣工验收委员会确认。

**案例一:工程审批环节审计案例**

M铁路是实施加快开发利用S省西部煤炭资源,解决资源开发和运输问题的关键工程。线路全长467千米,全线共设车站31处,铁路预计总投资57.2亿元,建设等级为国家一级电气化铁路,建设工期为36个月。根据G集团公司2010年10号通知书,M铁路建设项目于2010年4月1日实时跟踪审计。审计小组进场后，即对该项目前期审批程序实施了专项审计。

1. 发现问题及分析

(1) 未获得科研批复即开工建设。经查，M铁路建设项目在未取得科研批复和初步设计未完成的情况下，即2009年2月开始了工程建设。2010年2月20日，国家发改委方同意该项目的可行性研究报告，开工比可行性研究批复提前了12个月。

上述做法不符合《国家计委关于重申严格执行基本建设程序和审批规定的通知》(计投资〔1996〕693号)项目前期工作阶段，必须严格按照现行建设程序执行。现行基本建设前期工作程序包括项目建议书、可行性研究报告、初步设计、开工报告等工作环节。只有在完成上一环节工作后方可转入下一环节。除国家特别批准外，各地方、部门和企业不得简化项目建设程序。

(2) 截至审计日，建设项目已施工1年多时间，但用地审批手续一直未获批准。用地拆迁工作从2008年2月正式启动，截至2014年4月，该铁路建设项目征地安置拆迁指挥部将大部分土地移交M铁路建设项目，建设工程指挥部进场施工，在此期间，交付经拆迁的土地使用面积为1 000亩，其中耕地700亩，含基本农田300亩。

根据《基本农田保护条例》第十五条，基本农田保护区经依法划定后，任何单位和个人不得改变或者占用。国家能源、交通、水利、军事设施等重点建设项目选址确实无法避开基本农田保护区，需要占用基本农田，涉及农用地转用或者征收土地的，必须经国务院批准。

2. 审计意见及建议

M铁路建设有限公司按照《土地管理法》《基本农田保护条例》等法律法规的规定，尽快办理该项目的用地审批手续。M铁路建设有限公司在今后应严格执行国家基本建设程序，认真做好项目前期工作，促进铁路建设管理科学有序发展。加快项目前期的审批工作，杜绝未经批复先行施工等违法违规行为。

**案例二：工程质量管理方面案例**

未按设计图纸施工、偷工减料，导致质量不合格而返工。

某长距离管道建设项目，管道埋设工程已基本完成，跟踪审计期间正处于中间加压站房施工阶段。在审计过程中，审计人员对中间加压站房施工现场工程实物质量进行抽查。

1. 发现问题及分析

(1) 加压站房框架柱基础插筋规格小于施工图纸的规格，即设计直径为20毫米的二级螺纹钢筋，而施工实际采用直径为18毫米的二级螺纹钢筋，设计院并未出具设计变更。

(2) 在预埋钢套管时，切断了框架梁多根主要钢筋，其预留洞口也未设置加强钢筋。

《中华人民共和国建筑法》第五十八条规定，建筑施工企业对工程的施工质量负责。建筑施工企业必须按照工程设计图纸和施工技术标准施工，不得偷工减料。工程设计的修改由原设计单位负责，建筑施工企业不得擅自修改工程设计。《建设工程质量管理条例》第二十八条规定，施工单位必须按照工程设计图纸和施工技术标准施工，不得擅自修改工程设计，不得偷工减料。

经审计人员调查分析，造成上述现象的主要原因是施工单位质量管理有疏漏，质量意识不强，不按规范和设计施工，偷工减料，因此导致质量不合格而返工等问题，直接影响到工程质量的控制。

2. 审计意见及建议

针对上述问题，要设计补强和返工。

**案例三：监理合同审计案例**

监理单位派驻现场人员与投标承诺不符，建设单位未采取相应措施。

审计人员对T氯碱项目实施审计过程中发现，该项目的辅助工程施工监理单位B监理公司派驻现场的总监理工程师、其他监理人员与投标承诺拟派驻人员不相符。建设单位未及时提出整改建议并采取相应的处罚措施。

# 第五节　合同审计

合同审计是指内部审计机构和人员对合同的签订、履行、变更、终止过程及合同管理进行独立客观的监督和评价活动。

## 一、合同审计的主要特点

(1)合同审计内容的广泛性。合同涉及组织经营管理的各个方面，决定合同审计内容的广泛性。

(2)合同审计的专业性。合同本身具有很强的专业性，不同的经济活动有不同的特点，这要求内部审计师具备多种专业知识，内部审计机构在实施合同审计时，要组成与合同审计业务相适应的项目审计组。

(3)合同审计的合法性。合同审计的依据主要是法律、法规。它除了合同法，还包括与合同审计的相关的所有法律、法规、部门规章。如审查担保合同还要依据担保法，审查建筑合同还要依据建筑法，审查政府机关的物资采购合同还要依据政府采购法、招标投标法等。

## 二、合同审计的主要内容

### (一)合同签订前审计

合同签订前审计是指当事人就相关经济事项协商达成一致，合同条款也已基本确定，但双方尚未签字所进行的审计。合同签订前审计是合同审计的重点和关键，因为合同一旦经双方签字即具有法律效力，合同签订过程中的任何疏漏或失误，都有可能给组织造成损失或带来风险。对于重要的合同，内部审计机构应当及时掌握情况，加强全过程监督，适时提出审计建议。合同签订前审计的主要内容如下：

(1)审查签订合同的必要性。主要审查合同内容是否符合组织目标，合同项目是否列入组织的计划，是否已安排了相应的财务预算。

(2)审查合同的合法性、合规性和合理性。主要包括：审查合同是否符合国家法律法规和规范性文件的规定，是否违反国家利益或者社会公共利益；审查合同是否符合本组织的规章制度要求，履行该合同是否给本组织带来预期利益；审查对方的主体资格是否合法，签订合同的当事人是否有签订该合同的权利，对方是否有履行该合同的能力和诚意，选择对方签订合同的理由是否充分。

(3)审查合同条款的真实性和完整性。合同条款的完整性，主要审查双方协商形成的合同是否符合合同法的规定，具体内容包括当事人的名称或姓名和住所、标的名称、标的数量质量、价款或者报酬、履行期限地点方式、违约责任、解决争议方法等是否完整；合同条款是否规范、用词是否准确。

(4)审查合同条款的真实性。对标的数量、质量、价款等重要条款除了审查形式上的完整性，还要审查其真实性、合理性，如合同当事人的信誉、经营范围、履约能力、售后服务；合同的内容是否可行，是否经过单位相关部门的论证。对于一些重大合同的审计，还应咨询法律顾问和相关方面的专家的意见，以便充分完善合同条款，防止在合同中存在任何法律方面或者技术方面的问题。内部审计人员在合同审计过程中还要关注：与执行该合同相关的营业税、个人所得税等税金的代扣代缴的问题；与执行该合同相关的服务及后续服务的要求及相关费用的承担问题；合同执行过程中可能存在的风险的分担问题，特别是技术服务或者技术转让合同。

(5)审查合同在组织内部是否经过相关部门的会签，拟签订合同的人否得到适当的授权，合同拟盖公章是否符合组织的规定。

**(二)合同履行过程的审计**

主要审查内容如下：

(1)履行合同的主体是否是合同的当事人，有无由他人代为履行的情况；审查双方是否按照合同约定行使自己的权利和承担应尽的义务。

(2)合同当事人履行合同的地点是否与合同约定相同。

(3)以分次、分期、分部履行的方式签订的合同，其履行方式是否与合同约定一致。

(4)合同的履行费用(如包装费、运输费、税费、海关报关费、通信费、成品保护费等)结算是否符合合同的约定，优惠承诺是否按照合同约定进行结算。

(5)履行该合同是否达到预定的效益；对合同执行过程中存在问题，有关职能部门是否及时查明原因并予以纠正；合同违约责任是否按法律规定或者合同约定进行；合同纠纷的处理是否及时、合法、合理。

**(三)合同变更的审计**

合同的变更是指合同成立后，当事人在原合同的基础上对合同的内容进行修改或者补充。合同变更的审计是指对当事人修改或者补充的合同内容进行的审计。具体审查的内容如下：

(1)合同的变更理由是否充分，有无欺诈、胁迫、重大误解、显失公平而导致合同权利义务对一方当事人不合理、不公正的变更。

(2)合同的变更是否经双方协商一致，合同当事人是否履行法定程序；合同变更是否损害公共利益；变更条款是否真实、完整。

**(四)终止合同的审计**

合同的权利义务终止，指依法生效的合同，因具备法定情形和当事人约定的情形，合同债权、债务归于消灭，债权人不再享有合同权利，债务人也不必再履行合同义务。终止合同的审计主要包括：合同终止是否符合合同法规定的情形；合同的权利义务终止后，当事人是否遵循诚实信用原则，根据交易习惯履行通知、协助、保密等义务；对已解除的合同，当事人是否依照法律、法规规定办理批准、登记等手续；解除已履行的合同后，已履行方是否根据履行情况和合同性质，要求对方恢复原状、采取其他补救措施和赔偿损失。

**（五）合同日常管理审计**

合同日常管理审计主要内容如下：

（1）审查组织有无设置专门的合同管理机构，合同管理人员是否具备相应的资格，合同管理制度是否完善，有无重大合同变更的风险防范措施。

（2）审查合同的归档和保管是否完整。

# 第九章　部门预算执行审计

## 第一节　预算管理制度概述

预算管理体制是确定中央政府与地方政府以及地方各级政府之间各级预算管理的职责权限和预算收支范围的一项根本制度，它是财政管理体制的重要组成部分。

### 一、政府预算及部门预算的概念

**（一）政府预算的概念**

政府预算是具有法律规定和制度保证的、经法定程序审核批准的政府年度财政收支计划，是政府有计划地集中和分配资金，调节社会经济生活主要的财政手段和财政机制。政府预算具体规定计划年度内国家财政收支指标及其平衡状况，反映政府活动的范围、方向和政策。

从形式上看，政府预算是政府的财政收支计划，以预算平衡表的形式体现，该表反映了政府资金的来源和流向，体现了政府的年度工作重点和方向；从内容上看，政府预算是政府对财政收支的计划安排；从政治性方面看，政府预算是重大的政治行为；从本质上看，政府预算是国家和政府意志的体现。

政府预算需要经过国家权力机构的审查和批准才能生效，是一个重要的法律性文件（属于年度立法）。政府预算从编制、审查批准、执行、调整和决算都要依照法律规定进行。

政府预算制度最早出现在英国，英国于17世纪编制了第一个国家预算。

政府预算制度，是财政运行的基本规则，是有关政府预算活动的各种法规制度，是纳税人及其国家权力机关控制财政活动的机制；政府预算制度是财政制度的核心，是财政赖以存在的基础，是国家政治体制的重要组成部分。

政府预算制度，一般是通过"预算法"的形式予以确定。

**（二）部门预算的概念**

部门预算是指政府部门依据国家有关政策法规及其履行职能需要，由基层单位开始编制，逐级上报、审核、汇总，经财政部门审核后提交立法机关依法批准的涵盖部门各项收支的年度财政收支计划。

部门预算可以视为政府和立法机构对预算进行管理和控制的基本框架，是市场经济国家财政预算管理的基本形式。

### 二、我国的预算管理制度

我国国家预算现设立中央、省（自治区、直辖市）、市（自治州）、县（不设区的市、市辖区）、乡（镇）五级预算。由中央预算和地方预算组成。中央预算由中央各部门（含直属单位）的预算组成。地方预算由各省、自治区、直辖市总预算组成。地方各级总预算由本级政府预算和汇总的下一级总预算组成；没有下一级预算的，总预算即指本级预算。地方各级政府预算由本级各部门(含直属单位)的预算组成。

各部门预算由本部门所属各单位预算组成。单位预算是指列入部门预算的国家机关、社会团体和其他单位的收支预算。

**(一)以预算法确立基本预算制度**

《中华人民共和国预算法》于1994年3月22日第八届全国人民代表大会第二次会议通过,并于1995年1月1日起施行(1991年10月21日国务院发布的《国家预算管理条例》同时废止)。《中华人民共和国预算法》对立法机关、各级政府、政府财政主管部门和预算执行部门、单位的预算管理职权做了明确规定。此后,历经四次审议,第十二届全国人民代表大会常务委员会第十次会议在2014年8月31日表决通过了《全国人大常委会关于修改〈预算法〉的决定》,于2015年1月1日起施行。至此,预算法在出台20年后,终于完成了首次修改。

预算法重新颁布是国家法律制度建设的一项重要成果,更是财政制度建设具有里程碑意义的一件大事,标志着我国加快建立全面规范、公开透明的现代预算制度迈出了坚实的一步。

1. 完善政府预算体系,健全透明预算制度

新预算法删除了有关预算外资金的内容,并明确规定:政府的全部收入和支出都应当纳入预算。预算包括一般公共预算、政府性基金预算、国有资本经营预算、社会保险基金预算。同时对四本预算功能定位、编制原则及相互关系做出规范。

新预算法增加规定,除涉及国家秘密的事项外,经本级人大或其常委会批准,预算、预算调整、决算、预算执行情况的报告及报表,应当在批准后20日内由政府财政部门向社会公开,并对本级政府财政转移支付的安排、执行情况以及举借债务的情况等重要事项做出说明。各部门预算、决算及报表应当在本级政府财政部门批复后20日内由各部门向社会公开,并对其中的机关运行经费的安排、使用情况等重要事项做出说明。

2. 改进预算控制方式,建立跨年度预算平衡机制

新预算法增加规定,各级人大预算审查的重点是:预算安排是否符合国民经济和社会发展的方针政策,收支政策是否可行;重点支出和重大投资项目的预算安排是否适当;对下级政府的转移性支出预算是否规范、适当等。为确保收入预算从约束性转向预期性,新预算法要求各级预算收入的编制应当与经济和社会发展水平相适应,与财政政策相衔接;各级政府不得向预算收入征收部门和单位下达收入指标。

同时,为适应经济形势发展变化和财政宏观调控的需要,新预算法强调,各级政府应当建立跨年度预算平衡机制。各级政府一般公共预算按照国务院的规定可以设置预算稳定调节基金,用于弥补以后年度预算资金的不足。各级政府一般公共预算年度执行中有超收收入的,只能用于冲减赤字或者补充预算稳定调节基金。省级一般公共预算年度执行中,如果出现短收,通过调入预算稳定调节基金、减少支出等方式仍不能实现收支平衡的,经本级人大或者其常委会批准,可以增列赤字,报财政部备案,并应当在下一年度预算中予以弥补。这就为今后实行中期财政规划管理,研究编制三年滚动财政规划,并强化其对年度预算的约束留出了空间。

3. 规范地方政府债务管理,严控债务风险

原预算法规定,“地方各级预算按照量入为出、收支平衡的原则编制,不列赤字”。但实际上,地方政府出于发展需要,采取多种方式融资,已经形成较大规模的地方政府债务。这

些债务多数未纳入预算管理，脱离中央和同级人大监督，存在一定的风险隐患。

为规范地方政府债务管理，新预算法增加了允许地方政府举借债务的规定，做出限制性规定。

4. 完善转移支付制度，推进基本公共服务均等化

新预算法增加规定，财政转移支付应当规范、公平、公开，以均衡地区间基本财力、由下级政府统筹安排使用的一般性转移支付为主体，建立健全专项转移支付定期评估和退出机制。市场竞争机制能够有效调节的事项不得设立专项转移支付。除按照国务院规定应当由上下级政府共同承担的事项外，上级政府在安排专项转移支付时不得要求下级政府承担配套资金。上级政府应当提前下达转移支付预计数，地方各级政府应当将上级提前下达的预计数编入本级预算。

5. 坚持厉行节约，硬化预算支出约束

新预算法确定了统筹兼顾、勤俭节约、量力而行、讲求绩效和收支平衡的原则。同时强调，各级预算支出的编制，应当贯彻勤俭节约的原则，严格控制各部门、各单位的机关运行经费和楼堂馆所等基本建设支出。对各级政府、各部门、各单位在预算之外或者超预算标准建设楼堂馆所的，责令改正，并对负有直接责任的主管人员和其他直接责任人员给予撤职、开除处分。

现代预算管理的灵魂是硬化预算对政府支出的约束，而硬化预算支出约束的关键在于不能随意开财政收支的口子。为此，新预算法增加规定：在预算执行中，各级政府一般不制定新的增加财政收入或者支出的政策和措施，也不制定减少财政收入的政策和措施；必须做出并需要进行预算调整的，应当在预算调整方案中做出安排。

**（二）以部门预算作为预算管理的基本形式和框架**

部门预算就是以部门为单位进行编制，经财政部门审核后报人民代表大会审议通过，反映部门所有收入和支出的预算。即每个部门编制一本完整的预算，由基层单位进行编制，逐级上报、审核、汇总，经财政部门审核后交立法机关依法批准。

部门预算包括以下三个方面的内容。

1. 编制范围

部门预算包括了部门或单位所有按支出功能和支出经济分类的各种不同用途的资金，无论是基本建设经费、各项事业经费，还是其他经费，全部按规定的格式和标准统一汇总编入一本预算，从而全面地反映一个部门或单位各项资金的使用方向和具体使用内容。

部门预算上报层级：基层水文水资源局→黄委水文局→黄委→水利部→财政部→全国人大。

编制范围：部门或单位所有的收入或支出，包括一般预算收支和政府性基金收支。

2. 编制程序

部门预算是汇总预算，它是由基层预算单位编制，逐级审核、汇总形成的。编制时，由基层预算单位根据本单位承担的工作任务、部门发展规划以及年度工作计划测算编制，经逐级上报、审核并按单位或部门汇总形成。部门预算既细化了具体预算单位和项目，又保持了按预算科目划分的各项支出功能。经单位或部门汇总后，预算既反映了本部门所有财政性收支总额，还反映了各单位和项目的具体收支构成情况，以及按功能分类的支出构成情况。目前，部门预算编制和批复一般包括准备、“一上”（7 月）、“一下”（10、11 月）“二上”（11、12

月)、“二下”(4、5月)。

3. 基本框架

部门预算由一般预算和政府性基金预算构成,这两类预算又分为收入预算和支出预算。因此,收入预算包括一般收入预算(财政拨款收入、预算外资金收入和其他收入的预算)和政府性基金收入预算;支出预算包括基本支出预算、项目支出预算和政府性基金支出预算。

**(三)与部门预算配套的其他财政制度改革**

1. 国库集中收付制度

所谓国库集中收付制度,国外称之为国库单一账户制度,就是将所有的财政性资金全部集中到国库单一账户,并规定所有的财政支出必须由国库直接支付。

国库集中收付是政府预算执行的重要环节,包括三方面的含义:一是集中收入管理,二是集中支出管理,三是集中账户管理。

国库集中收付由国库集中收入和国库集中支付两部分组成。国库集中收入是预算收入缴付者将各项收入直接缴入国库或其授权的代理商业银行,再经过银行清算将款项划入国库。

国库集中支付的基本含义包括:财政部门在中央银行设立一个统一的银行账户,各预算单位资金统一在该账户下设立的分类账户集中管理;预算资金不再拨付给各单位分散保存;各预算单位可以根据自身履行职能的需要,在批准的预算项目和额度内自行决定购买何种商品和劳务,但支付款项要由财政部门来进行;除特殊用途外,资金都要通过国库直接支付给商品供应商和劳务提供者。

国库集中收付是政府经济行为,是政府的财政管理活动的重要内容。

2. 政府采购制度

1)政府采购制度的含义

政府采购也称公共采购,是指各级政府及其所属机构为了开展日常政务活动或为公众提供公共服务的需要,在财政的监督下,以法定的方式、方法和程序,对货物、工程或服务的购买。政府采购不仅是指具体的采购过程,而且是采购政策、采购程序、采购过程及采购管理的总称,是一种公共采购管理的制度。

政府采购的主体是公共部门,即政府有关主管部门和事业单位。政府采购的客体是财政性资金的购买性支出。

按照政府采购法的规定,政府采购应遵循四个方面的原则,即公平竞争原则、公开透明原则、公正原则和诚实信用原则。

2)我国政府采购的组织实施形式和具体方式

政府采购的组织实施形式,又称政府采购的模式,一般分为集中采购、分散采购及集中采购与分散采购相结合三种。我国目前实行的是集中采购与分散采购相结合的模式。

3. “收支两条线”管理制度

“收支两条线”是指政府对行政事业性收费、罚没收入等政府非税收入的管理方式,即有关部门取得的非税收入与发生的支出脱钩,收入上缴国库或财政专户,部门不得截留、坐支,财政部门安排给部门的支出不能和收入挂钩,而是根据各单位履行职能的需要按标准核定并拨付的资金管理模式。

4. 预算支出绩效评价制度

预算支出绩效考评(以下统称“绩效考评”),是指运用一定的考核方法、量化指标及评价标准,对部门为实现其职能所确定绩效目标的实现程度,以及为实现这一目标安排预算的执行结果所进行的综合性考核与评价。

绩效考评的目的,是通过对部门绩效目标的综合考评,合理配置资源,优化支出结构,规范预算资金分配,提高预算资金使用效益和效率。

绩效考评的范围为纳入部门预算管理的资金。随着部门预算改革的逐步深入,预算管理更加强调公共支出的效率和效果,加强预算支出的绩效管理成为深化改革的重点。

## 第二节　预算执行审计概述

### 一、预算执行审计的概念

预算执行审计是指各级审计机关依据本级人大审查和批准的年度财政预算,对本级财政及各预算执行部门和单位,在预算执行过程中筹集、分配和使用财政资金的情况以及组织政府预算收支任务完成情况和其他财政收支的真实、合法、效益性所进行的审计监督。

### 二、部门预算执行审计的法律依据

《中华人民共和国预算法》第八十九条规定,县级以上政府审计部门依法对预算执行、决算实行审计监督。对预算执行和其他财政收支的审计工作报告应当向社会公开。

《中华人民共和国审计法》(1994 年 8 月 31 日八届全国人大常委会第九次会议通过,根据 2006 年 2 月 28 日第十届全国人大常委会第二十次会议修正) 第四条规定,国务院和县级以上地方人民政府应当每年向本级人民代表大会常务委员会提出审计机关对预算执行和其他财政收支的审计工作报告。审计工作报告应当重点报告对预算执行的审计情况。必要时,人民代表大会常务委员会可以对审计工作报告做出决议。国务院和县级以上地方人民政府应当将审计工作报告中指出的问题的纠正情况和处理结果向本级人民代表大会常务委员会报告。第十六条规定,审计机关对本级各部门(含直属单位)和下级政府预算的执行情况和决算以及其他财政收支情况,进行审计监督。第十七条规定,审计署在国务院总理领导下,对中央预算执行情况和其他财政收支情况进行审计监督,向国务院总理提出审计结果报告。地方各级审计机关分别在省长、自治区主席、市长、州长、县长、区长和上一级审计机关的领导下,对本级预算执行情况和其他财政收支情况进行审计监督,向本级人民政府和上一级审计机关提出审计结果报告。

《国务院关于加强审计工作的意见》(国发〔2014〕48 号)规定,促进公共资金安全高效使用。要看好公共资金,严防贪污、浪费等违法违规行为,确保公共资金安全。把绩效理念贯穿审计工作始终,加强预算执行和其他财政收支审计,密切关注财政资金的存量和增量,促进减少财政资金沉淀,盘活存量资金,推动财政资金合理配置、高效使用,把钱用在刀刃上。围绕中央八项规定精神和国务院“约法三章”要求,加强“三公”经费、会议费使用和楼堂馆所建设支出等方面审计,促进厉行节约和规范管理,推动俭朴政府建设。

## 三、预算执行审计目标

预算执行审计的总体目标:真实性、合法性、效益性。

预算执行审计的真实性是指被审计单位的会计处理遵守相关会计制度的情况,以及相关会计信息与实际的预算执行情况和其他财政收支状况相符合的程度。

预算执行审计的合法性是指被审计单位的预算执行和其他财政收支是否符合相关法律、法规和其他规范性文件。

预算执行审计的效益性是指被审计单位的预算执行和其他财政收支的经济性、效率性和效果性。

预算执行审计的具体目标:真实性、完整性、权利和义务、合法性、效益性、揭示与披露。

## 四、部门预算执行审计的内容

部门预算执行审计范围十分广泛。根据《中央预算执行审计监督暂行办法》的相关规定,部门预算执行审计的主要内容是:中央各部门执行年度支出预算和财政财务制度,以及相关的经济建设和事业发展情况;有预算收入上缴任务的部门和单位预算收入上缴情况。具体而言,部门预算执行审计包括以下内容:预算编制情况、部门预算批复情况、部门预算拨款收入和预算资金拨付情况、部门预算基本支出情况、部门预算项目支出情况、部门非税收入征缴情况、部门国有资产管理情况、部门政府采购情况、部门其他业务情况。

### (一)对预算编制情况进行审查的主要内容

对预算编制情况进行审查的主要内容如下:

(1)预算编制是否真实,即部门预算收支的预测是否以国家社会经济发展计划和履行部门职能的需要为依据,每一项收支项目数字的测算是否依据实际或计划的基础数据,运用科学合理的方法进行了测算。

(2)预算编制是否合法,即部门预算的编制是否符合预算法和国家相关法律、法规的规定,是否符合国家有关经济社会发展的各项方针、政策,是否在法律赋予部门的职能、范围内。

(3)预算编制是否科学、完整,即部门预算编制是否遵循了量入为出、收支平衡的原则,是否稳妥可靠,是否采取有效的程序和方法合理安排了各项资金,部门预算的编制是否符合综合预算的原则,对各项收入和支出预算的编制是否做到了不重不漏。

### (二)部门预算批复情况进行审查的主要内容

对部门预算批复情况进行审计的主要内容如下:

(1)部门是否按照规定及时向所属单位批复了预算。

(2)部门向所属单位批复的预算与财政部门批复本部门预算的科目和项目是否一致,有无随意调整预算项目、调增调减预算金额、擅自改变资金用途等问题。

(3)部门向所属单位批复的预算是否足额完整,有无预留预算资金的问题。

### (三)部门预算拨款收入和预算资金拨付情况

对部门预算拨款收入和预算资金拨付情况进行审计的主要内容如下:

(1)拨款收入的取得是否符合预算法和其他法律法规。

(2)拨款收入的记账是否完整准确,有无错报或者漏报的问题。

（3）部门是否严格按照预算拨付资金，有无超预算、无预算拨款，挤占、挪用预算资金的问题。

（4）部门是否按照预算级次拨付资金，是否存在超越预算级次或者向非预算单位拨款等问题。

（5）部门是否按照项目进度拨款，是否存在资金拨付不及时，滞拨、欠拨、截留应拨预算资金，影响项目建设和事业发展的问题。

（6）预算资金拨付是否按照相关会计制度进行了记录和反映。

**（四）部门预算基本支出情况**

对部门预算基本支出进行审计的主要内容如下：

（1）基本支出是否遵循了预算法和其他有关法律法规。

（2）基本支出是否按照会计制度的规定进行了记账和反映。

（3）基本支出执行国家规定标准的情况主要是人员津贴、奖金、社会保障费、医疗费、住房补贴、交通费、差旅费、会议费等，有无擅自扩大支出范围，提高开支标准，超范围超标准使用资金的问题。

（4）基本支出的效益情况，主要审查部门对基本支出经费的使用是否贯彻了厉行节约的原则，经费使用过程中是否存在浪费和滥支乱用的问题。

**（五）部门预算项目支出情况**

对部门预算项目支出进行审计的主要内容如下：

（1）项目支出是否遵循了预算法和其他有关法律法规。

（2）项目支出是否按照会计制度的规定进行了记账和反映。

（3）项目支出是否讲究了经济性，是否存在损失浪费的问题。

（4）项目执行过程的效率性，是否建立了有效的管理和内部控制，以及相适应的责任机制，这些制度和机制的建立与实施能否为项目达到预期效果、实现预期目标提供合理保证。

（5）项目执行的效果性，即审查项目目标的实现情况，分析项目对政治、经济、文化和社会发展方面产生的影响。

**（六）部门非税收入征缴情况**

对部门非税收入征缴情况进行审计的主要内容如下：

（1）非税收入征收的合法性，具体包括非税收入项目的设立是否经过相关部门的审查和批准，罚没是否具有明确的法律依据，有无乱收费、乱罚款的情况；征收范围和标准是否符合法律法规规定，有无超范围、超标准征收的问题；征收管理情况，包括收费许可证、专用票据的管理等；执行收缴分离制度的情况，有无自行开设过渡账户，而未将非税收入直接缴入财政部门指定的账户等问题。

（2）“收支两条线”制度执行情况，即部门征收非税收入与部门支出脱钩的情况，对纳入预算管理的非税收入是否及时足额上缴国库，对尚未纳入预算管理的非税收入是否及时足额缴入规定的账户；部门支出是否通过部门预算进行核定，有无使用收取的非税收入安排相关支出，截留、转移、坐支、挪用、私分国家非税收入等问题。

（3）非税收入的会计记录是否及时、完整、准确。

**（七）部门国有资产管理情况**

对部门国有资产进行审计的主要内容如下：

(1)国有资产的取得情况,主要是国有资产取得的渠道是否正确、合法,是否办理了产权登记,产权是否明晰,是否存在无偿占用企业等其他经济组织资产的问题,资产的配置是否符合国家法律和法规、政策和原则的规定。

(2)国有资产的管理和使用情况,包括是否建立健全了国有资产管理和使用的制度;是否存在资产闲置、损失浪费、资产或者资产收益流失的问题;是否对资产进行定期盘点,以保证资产的安全完整。

(3)国有资产的处置情况,包括部门对国有资产的处置是否经过批准和授权;处置程序是否符合国家法律和法规的规定。

(4)国有资产的账面记录是否真实、完整,核算是否符合国家相关会计准则和会计制度。

**(八)部门政府采购情况**

对部门政府采购情况进行审计的主要内容如下:

(1)部门遵循政府采购法及其他有关政府采购方面规定的情况,是否存在擅自采购列入政府采购目录的货物、工程或服务,规避集中采购的问题。

(2)政府采购预算的执行情况。

**(九)部门其他业务情况**

其他业务主要包括非财政预算拨款收支、结余、预收和应付、暂付款项等。

对于其他业务进行审计的主要内容如下:

(1)其他业务是否按照相关会计制度进行了记录和反映,是否在决算报表中充分披露。

(2)其他业务的收支是否符合国家有关的法律和法规的要求,应当纳税的非财政预算拨款收入是否及时足额纳税,有无偷税、漏税的问题。

在对部门进行预算执行审计时,不一定涉及上述所有内容。审计人员应当在考虑上述内容的基础上,根据审计机关的相关要求和被审计部门的特点,确定部门预算执行审计的具体范围和内容。

### 五、预算执行审计程序

部门预算审计的程序与其他审计的程序基本相同,主要包括准备阶段、实施阶段、报告阶段、后续审计阶段。

### 六、预算执行审计的审计方法

预算执行审计的审计方法包括检查、监盘、观察、查询、函证、计算、分析性复核、审计抽样、访谈等。与其他类型审计基本相同,本章就不在赘述。

## 第三节　预算执行审计的主要内容及案例分析

结合预算执行审计的主要内容,本节对一些案例进行分析。

### 一、预算编制情况审计

从部门预算执行审计中发现的问题来看,预算执行过程当中的很多问题都与预算编制有关。预算编制对于预算执行的真实性和合法性以及预算资金使用管理的经济性、效率性和效果性有着根源性的影响。审计部门可通过对预算编制情况的审计，从源头上规范预算执行和预算资金使用管理的合法有效。

**（一）审查的主要内容**

（1）预算编制是否真实，是指部门预算收支的预测是否以国家经济社会发展和本单位职能职责、事业发展需要为依据，每一项收支项目数字的测算是否有依有据，并科学合理地进行了测算。

（2）预算编制是否合法，是指部门预算的编制是否符合预算法和国家有关法律、法规、政策规定。

（3）预算编制是否科学、完整，是指部门预算编制是否遵循了量入为出、收支平衡的原则，是否稳妥可靠，是否采取有效的程序和方法合理安排了各项资金，部门预算的编制是否符合综合预算的原则，对各项收入和支出预算的编制是否做到了不重不漏。

**（二）预算审计方法**

通过收集审查单位基本情况的资料（“三定”方案、内设机构及职能划分、内部管理制度、事业发展规划、年度工作计划、工作总结等）、部门预算和财务管理制度资料、预算编制文件、预算批复文件、预算调整文件和预算分配等资料，采取检查、查询、计算、分析性复核等必要的审计方法，对预算编制的真实性、合法性和科学性、完整性进行审计。

**（三）常见问题**

预算编制不完整，收支少报、漏报，资金“体外循环”；基本支出预算编报不真实，或多报人员，或为非预算单位申报财政拨款基本支出预算，套取基本支出经费；项目支出预算不符合规定，立项不充分，将不具备实施条件的项目拿来申报；项目预算编制不细化，未落实到具体执行单位和项目；未经批准自行调整预算，基本支出间人员与公用互相挤占，基本支出与项目支出挤占挪用，项目与项目之间互相调剂使用等。

**（四）案例**

（1）2013 年，民政部本级未经批准在 39 个项目中列支基本支出 × × 万元，在公用经费中列支人员经费 × × 万元；2012 年和 2013 年，部本级和 3 家所属单位列支非预算单位基本支出等 × × 万元，其中 2013 年 × × 万元。

（2）2010 ~ 2012 年，农业部所属黑龙江省农垦总局闫家岗农场、八五九农场以重复申报方式，多申领中央财政资金 × × 万元。

（3）2013 年，食品药品监管总局所属药审中心和药品评价中心预算编报不完整，未将事业收入和经营收入等 × × 万元编入当年预算。

## 二、预算资金拨付审计

**（一）审计内容**

部门预算资金拨付业务包括资金拨付管理机制的建立、账户开立、资金用款计划编报、预算资金收付、会计核算和监督管理等。

国库集中支付制度包括财政直接支付和财政授权支付。

预算资金拨付审计的目标：真实性、完整性、合法性。真实性是指业务发生真实而非虚构；完整性是指会计记录完整，计算准确性；合法性是指严格按照预算批复和预算级次申报用款计划，资金支付严格执行预算制度和财政制度，按规定的时间进行支付。

**（二）审计方法**

通过收集审查单位预算资金管理文件、部门预算和决算资料、用款计划、直接支付申请书、对账单、会计凭证、账簿、电子财务数据等资料，采取检查、查询、计算、分析性复核等必要的审计方法，对预算资金支付的真实性、完整性、准确性和合法性进行审计。

**（三）常见问题**

违规支付资金，将财政资金拨付到与本单位无经费领拨关系的单位，不按照项目实施进度申请支付资金，违规将财政资金从零余额账户划拨到本单位其他账户或相关单位账户；无预算、超预算支付资金；挤占挪用专项资金；将本单位财政拨款出借给其他单位使用，对外投资；以拨作支财政资金等。

**（四）案例**

（1）2013 年，林业局所属大兴安岭林业集团公司违反规定从零余额账户向实有资金账户划转财政专项资金××万元。

（2）2013 年，民航局所属空管局以拨作支财政资金××万元，截至 2013 年底，实际支出××万元，其余结存在下属地区空管局等单位的实有资金账户。

（3）2011～2013 年，海洋局局本级及所属海洋减灾中心等 11 家所属单位未经批准动用结余资金××万元，用于其他工作和弥补基本支出等。

（4）2013 年，人民银行所属武汉分行等 10 家分支机构扩大范围列支专项经费××万元。

（5）2013 年，文化部本级未按实施进度而是一次性将专项资金××万元全额拨付至项目单位，至年底全部未支出。

（6）2013 年，文化部所属国家图书馆违规从单位零余额账户向基本存款账户转移资金××万元。

（7）2013 年，水利部所属水科院、海河流域委员会漳河上游管理局等 4 家单位在项目实施中，超合同约定进度付款、未按规定预留质量保证金，涉及金额 1 520.85 万元。

## 三、基本支出审计

**（一）审计内容**

基本支出是行政事业单位为保障其机构正常运转，完成日常工作任务所必须的开支，其内容包括人员经费和日常公用经费。

基本支出应严格履行预算控制，按照有关规定和标准进行支付。公用经费支出，涉及政府采购范畴的事项，必须履行政府采购程序；涉及资产管理的，必须由资产管理部门来实施相应的管理和控制，以保证资产的安全、完整。

基本支出审计的目标：真实性、完整性、计算准确性、合法性、效益性。

基本支出的效益性是指公用支出，保障单位正常运转和事业发展需要，遵循节约原则，实现较好的经济效益和社会效益。

揭示和披露：在相应的财务报表中恰当地揭示与披露。

（二）审计方法

通过收集审查单位基本情况的资料（“三定方案”、内设机构及职能划分、内部管理制度、事业发展规划、年度工作计划、工作总结等）、部门预算和财务管理制度资料、预算编制文件、预算批复文件、预算调整文件、会计凭证、账簿及其他有关资料（如人员工资管理档案、资产管理记录、有关政府采购资料）等，通过审查单位基本支出有关内部控制制度，采取检查、查询、计算、分析性复核等必要的审计方法，对基本支出的真实性、完整性、合法性、效益性和揭示与披露等进行审计。

（三）常见问题

无预算支出，擅自扩大支出范围；虚报支出，套取国家财政资金；擅自提高开支标准，擅自提高人员经费定额标准，擅自提高公用经费开支标准；未经批准随意调整基本支出预算；基本支出未全部纳入预算，在下属企业列支人员支出，摊派公用支出等。

（四）案例

（1）2009 ~ 2012 年，统计局局本级将不属于财政供养范围的 8 081 名工勤人员经费列入基本支出预算，并取得财政拨款 × × 万元。

（2）2013 年，外交部部本级自行设立奖项，为部内单位发放奖金 71.30 万元。

（3）2010 ~ 2013 年，农业部所属中央农业广播电视学校等 12 家单位扩大开支范围列支公用经费和人员经费等费用共计 × × 万元，其中 2013 年 × × 万元。

（4）2013 年，文化部部本级将日常公用经费 × × 万元调剂用于人员经费支出。

（5）2013 年，人民银行所属广州分行等 15 家分支机构未经批准，在公用经费和项目支出中列支人员经费 × × 万元。

（6）2008 ~ 2009 年，统计局北京调查总队虚列住房改革支出 103.76 万元，资金实际转入北京市统计局，至 2012 年底仍在该局往来款挂账。

（7）2013 年，银监会本级和上海、陕西银监局提高人员经费标准、扩大支出范围，使用预算资金 242.76 万元。

## 四、项目支出审计

（一）审计内容

项目支出是部门为完成其特定的行政工作任务或事业发展目标而发生的支出，包括基本建设、有关事业发展专项计划、专项业务费、大型修缮、大型购置等。

项目预算编制：可行性研究，建立项目库，择优选择，填报项目申报文本，编制支出预算，按程序报批。

项目的实施：严格按照支出预算实施，严格控制支付审批、对外采购、验收、资产管理、账务处理等各个环节。

项目的验收和绩效评价：项目完成后，项目单位应当及时组织验收和总结。主管部门和财政部门组织相应的绩效评价。

项目的监督检查：财政部、中央部门和项目单位应对项目的实施过程和完成结果进行监督检查。

审计目标：真实性、完整性、计算准确性、合法性、效益性、揭示和披露。

**（二）审计方法**

通过收集审查单位项目立项和预算报批文件、项目执行过程中的各类文件（合同、政府采购、招标投标等）、会计凭证、会计账簿、财务报表以及项目验收、总结、绩效评价等文件资料，通过审查单位项目支出有关内部控制制度，采取检查、查询、计算、分析性复核等必要的审计方法，对项目支出的真实性、完整性、合法性、效益性和揭示与披露等进行审计。

**（三）常见问题**

项目支出预算编制不合规，立项不科学，未进行充分的科学性论证；项目预算未细化；虚报、重报或多报项目预算，骗取财政资金；未按规定执行项目支出预算，挪作他用，或未经批准自行调整，超概算投资，擅自提高标准、规模，擅自扩大支出范围；为完成支付进度，虚列投资完成额；基建程序不合规，不符合基建“四项制度”，已完工项目，长期不办理竣工财务决算，长期不组织验收等。

**（四）案例**

（1）2012～2013年，国土部部本级未按项目进度拨付资金××万元，实际仅支出××万元，其余××万元沉淀在所属单位，其中2013年××万元。

（2）2013年，国土部部本级和所属油气中心等8家单位未经批准，自行调整项目预算、扩大项目支出开支范围等××万元，用于人员经费、培训中心修缮等支出。

（3）2012～2013年，国土部所属中国地质调查局未经批准自行变更项目执行单位，涉及金额××万元，其中2013年××万元。

（4）2008年以来，水利部所属水科院、水利部水利水电规划设计总院（以下简称水规总院）等8家单位未经批准，自行调剂使用财政资金、扩大项目支出开支范围列支与项目无关的支出，涉及金额××万元，其中2013年××万元。

（5）财政部所属机关服务中心3个基建项目完工多年未办理竣工财务决算，至2013年底，财政拨款结转累计××万元。

（6）中科院所属国家纳米科学中心2012年用已完工项目申报预算，套取财政资金××万元；物理所2009年重复申报项目，套取财政资金××万元。

（7）2013年，所属综合事业局通过签订虚假合同方式虚列支出套取节水产品检测费××万元。

## 五、“三公经费”审计

**（一）审计内容**

“三公经费”是指因公出国（境）经费、公务车购置及运行经费、公务招待费。

“三公经费”是当前公共行政领域亟待解决的问题之一，备受瞩目。

审计目标：真实性、完整性、计算准确性、合法性、效益性、揭示和披露。

**（二）审计方法**

通过收集审查单位预算报批文件、决算文件，有关会计凭证、会计账簿，出国计划报批文件，公务接待报批资料，公务接待清单，公车购置报批资料，车辆行驶证，用车记录，车辆采购、保险、维修、加油等有关政府采购资料，以及车辆资产登记管理记录等资料，通过审查单位“三公经费”支出有关内部控制制度，采取检查、查询、计算、分析性复核等必要的审计方法，对“三公经费”支出的真实性、完整性、合法性、效益性、合理性和揭示与披露等进行审计。

**（三）常见问题**

超预算列支“三公经费”；因公出国未履行相关计划报批或超计划；超规模、超标准列支招待费；公车购置未履行报批程序，超标准、超规模配备公车；车辆采购、保险、维修、加油未按规定实行政府采购；大额维修费、汽油费不真实，虚假列支；维修费、汽油费明显偏大，不合理；“三公经费”的隐性化，将“三公经费”转移到其他会计科目报销，将“三公经费”列入项目支出，将“三公经费”转移其他单位列支，或私设“小金库”，账外列支“三公经费”等。

**（四）案例**

(1)2012～2013 年，水利部所属综合事业局在项目支出中虚列会议费××万元用于餐饮等消费，其中 2013 年××万元。

(2)因公出国(境)管理中存在的问题。

①2013 年，水利部部本级对 4 个因公出国(境)团组进行了调整，未相应调整年度计划；所属机关服务局违规使用旅行社提供的外方邀请函组织出访。

②2013 年，水利部部本级和所属水规总院、发展研究中心等 5 家单位向下属单位转嫁 16 人次出国费用××万元；综合事业局使用不合规发票报销出国费××万元。

(3)公务用车管理中存在的问题。

①2013 年，所属综合事业局 5 辆公务用车未统一调度管理，未登记行车记录；水利部综合开发管理中心向非定点维修单位支付车辆修理费 1.95 万元；长江水利委员会驻北京联络处和水科院占用企事业单位车辆 13 辆。

②2003 年和 2004 年，所属综合事业局将购置的价值××万元的 2 辆公务用车，交由中国水利经济研究会和中国水利职工思想政治工作研究会无偿使用至今。

## 六、国有资产管理审计

**（一）审计内容**

国有资产是各部门正常运行、履行法定职能的物质基础。国有资产管理实行国家统一所有，政府分级监管，单位占有、使用的管理体制。

国有资产按照资产存在形式可分为固定资产、流动资产、无形资产和对外投资等。

国有资产审计应重点关注固定资产和对外投资。

国有资产审计目标：真实性、完整性、计算准确性、权利和义务、合法性、效益性、揭示和披露。

权利和义务：对会计账簿和报表中列示的各项资产真正具有所有、占有、使用的权利。

效益性：有效使用和处置各项资产，不存在资产闲置、损失浪费等问题。

揭示和披露：在相应的财务报表中恰当地揭示与披露。

**（二）审计方法**

通过收集审查单位年度决算报表和财务报表，会计凭证、账簿，资产预算及购置计划、政府采购预算等报批文件，采购合同、验收记录、统计报表、盘点报告等资产业务资料，以及其他与资产的形成、评估、登记、转让、处置有关的文件资料，如会议纪要、评估报告、产权证明、资产报废报批、出租报批等资料；通过审查单位资产管理有关内部控制制度，采取检查、监盘、函证、查询、计算、分析性复核等必要的审计方法，对资产的真实性、完整性、准确性、权利与义务、合法性、效益性和揭示与披露等进行审计。

**（三）常见问题**

未经有关报批程序，擅自将非经营性资产转为经营性资产（对外投资、出租、出借和担保等）；将非经营性资产转为经营性资产后，未按规定收取收益，或收取的收益未按规定管理、使用，甚至未入账、未全部入账，转移到下属单位或账外核算，形成“小金库”；未经有关报批程序，擅自处置国有资产，如擅自出售、转让、报损、报废等；资产管理不规范，账账不符，账实不符，账卡不符，资产核算不规范等。

**（四）案例**

（1）2013 年，外交部所属外交学院××万元工程结余材料未纳入账内核算和管理。

（2）2013 年，水利部所属水科院将××万元房屋出租收入，交由下属企业以物业费名义收取，作为业务收入。

（3）2005 年，水利部所属水库移民开发局将应由其作为出资人的××万元资产转为下属单位的对外投资，该下属单位 2013 年从中取得利润分红款××万元。

（4）2013 年，水利部所属水科院等 4 家单位未经批准出租房产，取得收入××万元。

（5）2013 年，文化部所属机关服务中心未经批准，将部本级委托其管理的部分房产对外出租，收入××万元未按规定上缴国库；国家图书馆未经批准对外出租房屋，取得收入××万元。

（6）至 2013 年底，卫计委所属医管所、中国健康教育中心等 6 家单位自 2011 年以来取得的收入有××万元未纳入本单位法定账簿核算；所属文化中心 2007 年与外单位合作开发综合楼和住宅楼项目取得的收益××万元仍未纳入本单位法定账簿核算。

（7）2011～2013 年，原卫生部委托物业公司出租房屋的租金收入××万元未按规定上缴国库，由该公司直接留用；所属国际交流中心等 4 家单位对外出租或处置房屋收入××万元未按规定上缴国库。

（8）2011 年，卫计委所属文化中心将违规购置的房产对外出售，收入××万元存放在下属公司，其中××万元于 2012 年转回用于工资奖金、水电费等支出。

## 七、政府采购审计

**（一）审计内容**

政府采购是指各级国家机关、事业单位和团体组织，使用财政性资金和与之配套的单位自筹资金，采购依法制定的集中采购目录以内的或者采购限额标准以上的货物、工程和服务的行为。

按组织形式分为政府集中采购、部门集中采购和单位自行采购。

按采购方式分为公开招标、邀请招标、竞争性谈判、单一来源采购、询价、财政部认定的其他采购方式。

业务流程：政府采购预算编制、报批→制订实施计划→采购的组织、实施→监督检查。

审计目标：真实性、完整性、计算准确性、合法性、效益性、揭示和披露。

**（二）审计方法**

通过收集审查单位部门预算、决算资料，政府采购有关业务文件（采购计划、招标投标文件、评标记录、中标通知和公告，其他采购方式执行过程中形成的文件和记录等）、采购合同、验收记录、相关会计凭证、账簿、报表以及单位内部关于政府采购的管理制度等资料，通过审查单位政府采购有关内部控制制度，采取检查、查询、计算、分析性复核等必要的审计方法，对政府采购的真实性、完整性、准确性、合法性、效益性和揭示与披露等进行审计。

**（三）常见问题**

采购预算、计划编报不合规，编报不完整，未按规定申报追加或调整政府采购预算；未经批准，随意调整政府采购方式，“化整为零”规避公开招标，将应进行公开招标的项目变为其他方式采购；不执行或部分执行政府采购预算；恶意串通，弄虚作假，套取财政资金等。

**（四）案例**

（1）2013 年，外交部部本级未按规定进行公开招标，直接委托有关单位实施信息化基础运维工作服务，合同金额××万元；1 个项目未执行政府集中采购程序，选择定点施工企业名单外的 3 家单位作为邀请招标对象，涉及金额××万元。

（2）2013 年，外交部部本级 10 个三类会议超标准列支会议费××万元；13 个会议未在定点饭店召开；36 个会议人数、会期超过规定标准；5 个三类以上会议未纳入会议计划。

（3）2013 年，水利部部本级及所属水科院等 4 家单位未按规定履行政府采购程序实施采购，涉及金额××万元，其中直接委托所属单位或社团组织提供技术评审服务××万元；水科院和水规总院××万元政府采购预算实际未执行；发展研究中心 8 个项目实际采购金额超预算××万元。

（4）2011～2013 年，水利部所属水科院将中央投资项目委托无资质公司代理招标，中标公司投标时涉嫌弄虚作假，涉及金额××万元。

（5）2013 年，国家图书馆对中标单位监督不到位，公开招标确定的 2 家中标单位将项目全部转让给其他 4 家单位，从中获利××万元。

## 八、其他财政、财务收支审计

对下属单位的监督管理、合同管理、往来账款清理、纳税管理、票据管理。

## 九、预算执行审计有关定量指标

指标设置的目的：恰当运用有关定量指标，分析和评价预算执行的效率和效果，找出问题和不足，深入分析原因，提出切实可行的意见建议，促进预算管理水平提高。

（1）预算收入和支出完成率，衡量科学事业单位收入和支出总预算及分项预算完成的程度。计算公式为：

预算收入完成率＝年终执行数÷（年初预算数±年中预算调整数）×100%

预算支出完成率＝年终执行数÷（年初预算数±年中预算调整数）×100%

年终执行数不含上年结转和结余支出数。

（2）人员支出、公用支出占事业支出的比率，衡量科学事业单位事业支出结构。计算公式为：

人员支出比率 = 人员支出 ÷ 事业支出 ×100%

公用支出比率 = 公用支出 ÷ 事业支出 ×100%

(3)人均基本支出,衡量科学事业单位按照实际在编人数平均的基本支出水平。计算公式为:

人均基本支出 =(基本支出 - 公用支出 - 离退休人员支出)÷ 实际在编人数

(4)资产负债率,衡量科学事业单位利用债权人提供资金开展业务活动的能力,以及反映债权人提供资金的安全保障程度。

计算公式为:

资产负债率 = 负债总额 ÷ 资产总额 ×100%

# 第十章 绩效审计

## 第一节 绩效审计概述

### 一、绩效审计的含义

绩效审计是指内部审计机构和内部审计人员对本组织经营管理活动的经济性、效率性和效果性进行的审查和评价(《内部审计具体准则第 2202 号——绩效审计》)。

(1)经济性是指组织经营管理过程中获得一定数量和质量的产品或者服务及其他成果时所耗费的资源最少。

(2)效率性是指组织经营管理过程中投入资源与产出成果之间的对比关系。

(3)效果性是指组织经营管理目标的实现程度。

进行绩效审计的组织可以是企业,可以是行政机关或事业单位,也可以是其他组织或者人员接受委托、聘用,承办或者参与内部审计业务,其范围十分广泛。内部审计人员应根据企业、行政机关或事业单位的资金来源状况及资产、负债管理的不同情况,选择不同的侧重点进行审计。内部审计机构应当充分考虑实施绩效审计项目对内部审计人员专业胜任能力的需求,合理配置审计资源。

### 二、绩效审计与财务收支审计

绩效审计作为现代内部审计的重要组成部分,它在审计目的、对象、职能、方法等方面都突破了传统的财务收支审计,与财务收支审计相比,具有以下区别与联系。

**(一)审计对象不同**

财务收支审计的审计对象是账、证、报表等会计资料及所反映的财务收支、财务状况和财务成果,以事后审计为主;而绩效审计的审计对象是会计、统计、业务核算资料及多方面信息资料所反映的经济活动过程及结果,既进行事后审计,也进行事前、事中审计。有些未表现为财务收支的经济活动也需要进行审计,其范围比财务收支审计要广泛。“超越账本,深入业务”是绩效审计的一大特征。

内部审计机构和内部审计人员根据实际需要选择和确定绩效审计对象,既可以针对组织的全部或者部分经营管理活动,也可以针对特定项目和业务。

**(二)审计目的不同**

财务收支审计侧重直接防弊,审计目的以审查财务收支的真实性、合法性、连贯性为主。而绩效审计的目的可分为两个层次,其直接目的是财政财务收支及经济活动的有效性、合理性、可行性,其最终目的是促进被审计对象提高经济效益,降低管理、经营和投资的风险。

**(三)审计职能不同**

一般认为审计具有监督、评价、控制、咨询职能。财务收支审计以监督、控制等防护性职能为主;而绩效审计则以评价、咨询等建设性职能为主,监督、控制职能为辅。

**(四)审计依据标准不同**

财务收支审计的依据标准是有关法律、法规、规章和制度,具有强制性的特征。而绩效审计的依据标准是多方位、多角度的,除法律、法规、规章和制度等少数的具有强制性外,大多是一些参考性的标准,如计划、目标、定额、技术经济指标、同行业同类指标等,具有较大的灵活性。

**(五)审计方法不同**

财务收支审计倾向于应用相对固定的准则,采用审阅、监盘、观察、函证、分析性复核等一般审计方法。而绩效审计不过分地受制于具体的要求和期望,除运用一般财务收支审计方法外,还利用经济分析、数学分析、经济论证或其他管理科学方法等。与财务收支审计相比,绩效审计包括更多的讨论、分析和合理的论证,更希望内部审计人员做出判断和解释。

## 第二节　绩效审计的内容和方法

### 一、绩效审计的内容

内部审计机构和人员根据实际情况,可以同时对组织经营活动的经济性、效率性和效果性进行审查评价,也可以只对其中的一个或两个方面进行审查评价。在进行评价时,内部审计机构和人员应该恰当处理三者之间的关系,以提高内部审计的有效性。

**(一)经济性审计审查评价的主要内容**

(1)资金的取得和使用是否节约;

(2)人力资源的取得及配置是否恰当;

(3)物资财产的取得及消耗是否节约;

(4)资源取得和配置在时间消耗上的适当性;

(5)资源取得的机会成本;

(6)资源的取得、使用和管理是否合理,是否遵循有关法律、法规;

(7)组织是否建立了健全的管理控制系统,以评价、报告和监督特定业务或项目的经济性;

(8)管理层提供的有关经济性方面的信息是否真实、可靠;

(9)其他有关事项。

**(二)效果性审计审查评价的主要内容**

(1)组织经营活动的目标是否适当、相关及可行;

(2)组织经营活动达到既定目标或实现预期经济和社会效果等情况;

(3)组织为实现既定目标所采取的程序和方法的合法、合理性,以及对有关政策、计划、预算、程序、合同等的遵循情况;

(4)分析组织经营活动未能及时达到既定目标的原因;

(5)分析组织无法按原定计划开展相应项目、业务或者中途停止项目、业务的原因;

(6)组织是否建立了健全的管理控制系统,以评价、报告和监督特定项目或业务的效果性;

(7)管理层提供的有关效果性方面的信息是否真实、可靠;

(8)其他有关事项。

**(三)效率性审计审查评价的主要内容**

(1)组织采购、销售等商业活动的效率;

(2)组织研发、生产等技术活动的效率;

(3)组织筹资、投资等财务活动的效率;

(4)组织为确保财产、信息及人员的安全以及对风险的管理所采取措施的效率;

(5)组织计划、控制等管理活动的效率;

(6)为提高上述经营活动效率所采取的措施是否遵循有关法律、法规;

(7)管理层提供的有关效率性方面的信息是否真实、可靠;

(8)其他有关事项。

**(四)绩效审计主要审查和评价的内容**

(1)有关经营管理活动经济性、效率性和效果性的信息是否真实、可靠;

(2)相关经营管理活动的人、财、物、信息、技术等资源取得、配置和使用的合法性、合理性、恰当性和节约性;

(3)经营管理活动既定目标的适当性、相关性、可行性和实现程度,以及未能实现既定目标的情况及其原因;

(4)研发、财务、采购、生产、销售等主要业务活动的效率;

(5)计划、决策、指挥、控制及协调等主要管理活动的效率;

(6)经营管理活动预期的经济效益和社会效益等的实现情况;

(7)组织为评价、报告和监督特定业务或者项目的经济性、效率性和效果性所建立的内部控制及风险管理体系的健全性及其运行的有效性;

(8)其他有关事项。

## 二、绩效审计的方法

绩效审计的方法是多种多样的。内部审计机构和内部审计人员应当依据重要性、审计风险和审计成本,选择与审计对象、审计目标及审计评价标准相适应的绩效审计方法,以获取相关、可靠和充分的审计证据。

通常实践中,选择绩效审计方法时,除运用常规审计方法外,还可以运用下列方法:

(1)数量分析法,即对经营管理活动相关数据进行计算分析,并运用抽样技术对抽样结果进行评价的方法;

(2)比较分析法,即通过分析、比较数据间的关系、趋势或者比率获取审计证据的方法;

(3)因素分析法,即查找产生影响的因素,并分析各个因素的影响方向和影响程度的方法;

(4)量本利分析法,即分析一定期间内的业务量、成本和利润三者之间变量关系的方法;

(5)专题讨论会,即通过召集组织相关管理人员就经营管理活动特定项目或者业务的具体问题进行讨论的方法;

(6)标杆法,即对经营管理活动状况进行观察和检查,通过与组织内外部相同或者相似经营管理活动的最佳实务进行比较的方法；

(7)调查法，即凭借一定的手段和方式(如访谈、问卷)，对某种或者某几种现象、事实进行考察，通过对搜集到的各种资料进行分析处理，进而得出结论的方法；

(8)成本效益(效果)分析法，通过分析成本和效益(效果)之间的关系，以每单位效益(效果)所消耗的成本来评价项目效益(效果)的方法；

(9)数据包络分析法，即以相对效率概念为基础，以凸分析和线性规划为工具，应用数学规划模型计算比较决策单元之间的相对效率，对评价对象做出评价的方法；

(10)目标成果法，即根据实际产出成果评价被审计单位或者项目的目标是否实现，将产出成果与事先确定的目标和需求进行对比，确定目标实现程度的方法；

(11)公众评价法，即通过专家评估、公众问卷及抽样调查等方式，获取具有重要参考价值的证据信息，评价目标实现程度的方法。

## 第三节 绩效审计的评价

绩效审计评价，是指内部审计机构和审计人员根据国家的法规制度及审计证据对被审计单位的经济活动效益性进行评判和界定的行为，它是经济效益审计的重要环节，贯穿于经济效益审计工作的全过程。

### 一、绩效审计评价标准

绩效审计评价的标准，是指对审计评价内容进行客观、公正、科学分析判断的尺度。内部审计机构和内部审计人员应当选择适当的绩效审计评价标准。绩效审计评价标准应当具有可靠性、客观性和可比性。

绩效审计评价标准的来源主要包括：

(1)有关法律法规、方针、政策、规章制度等的规定；

(2)国家部门、行业组织公布的行业指标；

(3)组织制定的目标、计划、预算、定额等；

(4)同类指标的历史数据和国际数据；

(5)同行业的实践标准、经验和做法。

内部审计机构和内部审计人员在确定绩效审计评价标准时，应当与组织管理层进行沟通，在双方认可的基础上确定绩效审计评价标准。

### 二、绩效审计评价指标

绩效审计评价指标是内部审计人员正确评价被审计单位绩效情况的概括性数据。内部审计人员应通过对指标的正确选用和分析对比，找出规律性的东西和事物的内在联系，揭示被审计单位经济活动的本质，从而达到客观公正评价被审计单位经济效益情况的目的。

《企业绩效评价操作细则(修订)》规定，企业效绩评价指标由反映企业财务效益状况、资产营运状况、偿债能力状况和发展能力状况 4 方面内容的基本指标、修正指标和评议指标 3 个层次共 28 项指标构成。

（一）基本指标

基本指标是评价企业效绩的核心指标，由反映4部分评价内容的8项计量指标构成，用以形成企业效绩评价的初步结论。

1. 财务效益状况

净资产收益率 = 净利润/平均净资产 ×100%

总资产报酬率 = 息税前利润总额/平均资产总额 ×100%

2. 资产营运状况

总资产周转率（次）= 主营业务收入净额/平均资产总额

流动资产周转率（次）= 主营业务收入净额/平均流动资产总额 ×100%

3. 偿债能力状况

资产负债率 = 负债总额/资产总额 ×100%

已获利息倍数 = 息税前利润总额/利息支出

4. 发展能力状况

销售（营业）增长率 = 本年主营业务收入增长额/上年主营业务收入总额 ×100%

资本积累率 = 本年所有者权益增长额/年初所有者权益 ×100%

（二）修正指标

修正指标用以对基本指标形成的财务效益状况、资产营运状况、偿债能力状况、发展能力状况的初步评价结果进行修正，以产生较为全面、准确的企业效绩基本评价结果，具体由12项计量指标构成。

1. 财务效益状况

资本保值增值率 = 扣除客观因素后的年末所有者权益/年初所有者权益 ×100%

主营业务利润率 = 主营业务利润/主营业务收入净额 ×100%

盈余现金保障倍数 = 经营现金净流量/净利润

成本费用利润率 = 利润总额/成本费用总额 ×100%

2. 资产营运状况

存货周转率（次）= 主营业务成本/存货平均余额

应收账款周转率（次）= 主营业务收入净额/应收账款平均余额

不良资产比率 = 年末不良资产总额/年末资产总额 ×100%

3. 偿债能力状况

现金流动负债比率 = 经营现金净流量/流动负债 ×100%

速动比率 = 速动资产/流动负债 ×100%

4. 发展能力状况

三年资本平均增长率 = [（年末所有者权益总额/三年前年末所有者权益总额）1/3 − 1] ×100%

三年销售平均增长率 = [（当年主营业务收入净额/三年前主营业务收入净额）1/3 − 1] ×100%

技术投入比率 = 当年技术转让费支出与研发投入/主营业务收入净额 ×100%

（三）评议指标

评议指标是用于对基本指标和修正指标评价形成的评价结果进行定性分析验证，以进一步修正定量评价结果，使企业效绩评价结论更加全面、准确。评议指标主要由以下8项非计量指标构成：

(1)经营者基本素质;
(2)产品市场占有能力(服务满意度);
(3)基础管理水平;
(4)发展创新能力;
(5)经营发展战略;
(6)在岗员工素质;
(7)技术装备更新水平(服务硬环境);
(8)综合社会贡献。

## 第四节　绩效审计报告

绩效审计报告应当反映绩效审计评价标准的选择、确定及沟通过程等重要信息,包括必要的局限性分析。

绩效审计报告中的绩效评价应当根据审计目标和审计证据做出,可以分为总体评价和分项评价。当审计风险较大,难以做出总体评价时,可以只做分项评价。

绩效审计报告中反映的合法性、合规性问题,除进行相应的审计处理外,还应当侧重从绩效的角度对问题进行定性,描述问题对绩效造成的影响、后果及严重程度。

绩效审计报告应当注重从体制、机制、制度上分析问题产生的根源,兼顾短期目标和长期目标、个体利益和组织整体利益,提出切实可行的建议。

# 第十一章　专项审计调查

专项审计调查主要作用就是针对单位经济运行和管理中的突出问题，进行调查研究，提出加强宏观管理、完善内控制度的建议。因此，内部审计人员应当充分发挥专项审计调查的作用，实现内部审计为组织增加价值的目标。

## 第一节　专项审计调查概述

### 一、专项审计调查的含义和目的

专项审计调查是指内部审计机构采取审计方法及其他方法，就与组织经济活动、财务收支有关或上级单位交办的特定事项，对本组织有关部门、单位进行的专门调查活动。

专项审计调查目的是通过揭示组织内部存在的普遍性、倾向性问题，分析原因，提出可供借鉴的建议，为管理层决策提供依据，为组织加强宏观管理、完善内控制度、防范风险、增加价值服务。

### 二、专项审计调查的特点

(1)宏观性。专项审计调查要揭露的一般是具有共性的、普遍性的、倾向性的问题，并从政策上、体制上、制度上分析产生问题的深层次原因，然后向组织管理层提出可供借鉴的建议，为管理层宏观决策提供依据。

(2)广泛性。指审计调查对象的广泛性。一般的审计通常是针对某一部门、某一单位进行的，而专项审计调查需要涉及组织下属多个部门、多个单位。。

(3)单一性。一般而言，财务收支审计内容比较全面，而专项审计调查是针对某一特定事项所进行的调查活动，目标比较单一，审计调查的内容相对比较集中，对与审计调查事项关系不大或无关的一般不涉及。

(4)时效性。专项审计调查要求对组织中暴露出的热点、难点问题快速做出反应，并在最短时间内为管理层决策提供最具价值的信息。失去了时效性，也就失去了专项审计调查的意义。

(5)灵活性。专项审计调查程序相对灵活，如审计调查报告既可以征求被审计调查单位的意见，也可以不征求；可以将审计调查结果告知被审计调查单位，也可不告知。取证方法也同样灵活多样，既可以运用审核、观察、函证等一般审计取证方法，也可以运用访谈、开座谈会、问卷调查等调查方法。

### 三、专项审计调查的类型

按照调查事项的性质，专项审计调查大致可以分为以下5种：

(1)对特定资金的专项审计调查。就是对某项或某类资金的筹集、分配、管理、使用、效益等情况进行审计调查,如涉河补偿资金来源、使用和管理情况的专项审计调查。

(2)对特定问题的专项审计调查。就是对经济运行和管理中出现的问题进行审计调查,如基层审计机构设置及审计队伍建设问题的专项审计调查。

(3)对组织内具有相同职能的某一特定系统的专项审计调查。主要是调查该系统的运行和管理情况,如对基层单位审计机构领导干部经济责任开展情况的专项审计调查。

(4)对某管理制度或内部控制的某一环节的专项审计调查。主要是调查控制制度的运行情况、控制效果及存在的管理漏洞。如某单位审计部对下属各单位对外投资管理情况的审计调查。

(5)对特定政策执行情况的专项审计调查。就是对国家经济政策或组织制定的标准在组织内部的执行情况进行审计调查,目的是了解政策(标准)的贯彻执行程度及执行中的问题。如某单位内部审计机构对下属单位预算执行情况的审计调查。

### 四、专项审计调查的程序

专项审计调查一般需要遵守以下程序:

(1)确定专项审计调查项目。

(2)组织审前调查。

(3)制订项目审计计划和审计方案。

(4)发送专项审计调查通知书。

(5)实施审计调查,收集、分析、整理审计证据,编制审计工作底稿。

(6)撰写、提交专项审计调查报告。专项审计调查报告是否征求被审计调查单位意见视需要而定。

## 第二节　专项审计调查要点

### 一、确定专项审计调查项目

一个得到组织管理层赏识的、优秀的专项审计调查项目,选题是其迈向成功的第一步。内部审计机构及其人员应当优先对与以下问题相关的事项做出审计调查安排:

(1)组织高层领导关心的、事关组织中心工作和组织发展战略的问题。

(2)组织经济运行和管理中存在的突出问题和难点问题。

(3)社会群众或组织成员普遍关注或反映强烈的热点问题。

### 二、设计审计调查问卷或调查表格

与一般意义的审计不同,专项审计调查需要预先设计好调查问卷或调查表格,此项工作应当在制订审计方案时完成。在专项审计调查中,涉及的调查面十分广泛,需要解决点和面的问题,处理好全面调查与重点抽查的关系。调查问卷或调查表格就是为了掌握调查事项的总体特征而事先设计的,它一般是随专项审计调查通知书送达有关调查对象,要求他们按实填写,然后由内部审计人员进行归集、汇总和分析,以掌握调查事项的总体情况和普遍存在的问题。

**（一）设计调查问卷或调查表格的要求**

以专项审计调查的目标和内容为依据。调查问卷或调查表格的种类、栏目、内容的设计要围绕专项审计调查目标，为汇集专项审计调查所需要掌握的重点内容以及进行综合分析所需要的信息服务。

能够取得计算经济指标所需的数据信息。经济指标是进行综合分析的重要工具，内部审计人员要善于运用，以解剖经济运行中的深层次问题及其产生原因。应当预先确定审计调查中需要进行分析的经济指标，在表格里将计算这些指标所需的数据设计成有关栏目，要求被调查对象填写。

**（二）专项审计调查问卷或调查表格种类**

（1）汇集基本情况的问卷或表格。

（2）汇集问题的问卷或表格。

（3）汇集进行综合分析所需信息的问卷或表格。

## 三、选择重点审计调查对象

受审计资源限制，并为提高效率，专项审计调查项目一般不可能也不必要实地调查所有调查对象，总是有选择地对部分对象进行重点抽查。因此，抽查对象的选择是否恰当，直接关系到审计调查结论的正确性，影响到审计调查效果的好坏。

**（一）选择抽查对象应遵循的原则**

（1）代表性原则。就是选择的对象要能兼顾到调查对象总体的不同情况和特点，不能以偏概全。

（2）重要性原则。就是选择的对象在被调查对象总体中占重要地位，对被调查对象的总体具有举足轻重的影响。

**（二）选择抽查对象的方法**

（1）选择重点对象。就是在总体中选择重点对象来调查，即重要性原则。

（2）选择典型对象。就是在总体中选择具有代表性的典型对象来调查。

（3）随机选择。就是在专项审计调查对象的总体中任意选择若干个对象。其好处是不带任何主观色彩，客观性强。但如果调查对象总体数量较大，工作量会很大。

（4）分层选择。如果总体中各对象差异较大且分布不均匀，可将总体按一定标准分成若干层次，将特征相近的对象归为一个层次，然后从各层次中按以上三种方法选择若干抽查对象。

## 四、提炼与分析

在专项审计调查中可能获取了大量的信息，如果把所有的信息都反映在审计调查报告中，会冲淡报告的主题，进而影响组织管理层对报告的理解和使用。内部审计人员应当围绕专项审计调查目标对获取的信息进行提炼：对与审计调查目标无关或关系不大的信息资料要予以舍弃，以增强审计调查的针对性；对取自于各调查对象的诸多个体信息要善于总结归纳，使之上升为普遍性的、倾向性的情况，以提高审计调查报告对全局性工作的借鉴意义；对一般性的、细枝末节的问题可以略去，突出对主要问题、重大问题的反映，以增加审计调查报告的分量。

与此同时,应当分析问题产生的原因。分析原因是提出恰当的审计建议的基础。应从以下角度着手分析:

(1)分析问题的产生是否由于政策或内部标准因素造成,揭示政策、标准的不完善、不科学。

(2)分析问题的产生是否由于体制或机制因素造成,揭示体制的不合理、机制的不健全。

(3)分析问题的产生是否由于管理因素造成,揭示管理的漏洞和缺位。

### 五、提出对策

所谓对策,即审计意见和建议。在专项审计调查过程中,内部审计人员通过深入细致的调查取证,对最高管理层关注的影响组织效益和制约组织发展的突出问题做出客观的评价和恰当的分析,并提出富有建设性的审计建议和意见,为最高管理层科学决策、加强控制当好参谋,促进组织目标的实现。针对调查发现的问题及其原因提出相应的对策,是决定审计调查成效的关键环节,内部审计人员务必高度重视,力求审计意见和建议切实可行、有效。

## 第三节　专项审计调查方案

### 一、专项审计调查方案的作用及分类

#### (一)专项审计调查方案的作用

专项审计调查方案是审计实施前对审计调查工作所做的计划与安排,对整个审计调查工作有十分重要的意义:可以指导各审计组统一思想,明确审计调查目标、范围和重点;指导审计人员以合理的时间和成本安排工作进度,收集相关审计证据;协调审计组的工作,提高审计效率;还可以作为考核审计组成员工作的依据。

#### (二)专项审计调查方案的分类

专项审计调查方案包括专项审计调查工作方案和专项审计调查实施方案两种。按照《审计机关审计质量控制办法(试行)》的相关要求,审计机关统一组织由不同级次审计机关或多个审计组参加的专项审计调查项目时,应当编制审计工作方案。审计组具体承办专项审计调查项目时,应当编制审计实施方案。

由于专项审计调查的内容与部门预算执行审计、财政收支审计的内容不同,每个专项审计调查的内容也不尽相同,因此在编制审计方案之前,搞好审前调查尤为重要。审计机关和审计组在编制专项审计调查方案前,需要走访有关单位,收集和查阅相关文件资料,了解基本情况,使审计方案切合实际,具有可操作性。审前调查时至少应了解以下内容:

(1)收集行业政策规章,有关统计数据,掌握分析与调查内容相关的经济数据及其影响。

(2)走访或咨询政策制定部门,了解某些政策制定的背景和意图,并获取对政策条款最准确的理解。

(3)到审计调查涉及的部门和所属单位,了解与调查有关的情况,如调查对象和内容的

历史沿革和现行管理体制、机构设置、内部管理状况、业务开展情况和账目设置等。收集预算、决算、会计资料，重要的会议纪要、协议和合同等资料，以前年度的审计情况及资料。

## 二、专项审计调查方案的编制

### （一）专项审计调查工作方案的编制

由于专项审计调查往往要组织多个审计组参与，因此在审计调查实施前，由组织该项审计调查的机关制订可行的调查工作方案是非常重要的。专项审计调查工作方案应当体现专项审计调查的指导思想和目标，并对审计调查的内容和重点、组织方式和分工等做出安排，提出相关工作要求。具体来说，专项审计调查工作方案的主要内容应当包括以下几项：

（1）专项审计调查工作的指导思想和目标。即通过该项审计调查要说明和解决什么问题，达到什么目标。

（2）专项审计调查的对象和范围。即该项审计调查工作涉及的地区、行业、部门或者单位，涉及的审计调查期间，以及涉及的特定事项。由于专项审计调查需要通过大量的数据资料来说明结果，因此工作方案在考虑专项审计调查的规模、估计审计业务量、业务复杂程度的基础上，对各审计小组选择范围要有相对统一的标准，对审计调查对象和范围提出最低数量要求。

（3）专项审计调查的内容和重点。即为了实现专项审计调查目标，围绕指导思想，本项审计调查涉及的资金、项目、某项经济活动的具体内容，以及应关注的重点领域。

（4）专项审计调查的组织与分工。即参与该项审计调查人员的分组情况、各个审计小组或者参与实施调查的单位的分工情况，此时要考虑参与审计的人员数量、业务能力要求、计算机的使用等，以便合理配备人员，安排工作。

（5）相关工作要求。主要包括预定的审计调查工作起讫时间；审计调查实施过程中应注意的一些问题；指导协调方式；各实施单位报送审计调查报告和相关材料的内容、格式和时间要求；采用的审计调查方法和评价标准等。

（6）专项审计调查表格。为便于统计数据和分析问题，组织专项审计调查的审计机关应事先设计数据统计表格，这些表格的作用，一是可以使审计人员在审计中明确工作思路和方法，提高效率；二是审计后将所取得的繁多的信息加以整理，使之系统化、条理化，形成直观、明了的数据统计信息，以便于专项审计调查情况的汇总。表格的设计种类和指标体系要以审计调查的目标和内容为依据，繁简得当，主要包括两类表格：①基本数据表。如审计调查中所涉及的地区、行业的经济总量，调查涉及的部门、机构数量、收支规模，专项资金种类、规模等。②汇集审计调查结果或发现问题的表格。主要是对审计调查过程中发现的问题进行定性分类和定量的金额统计的表格。'

审计调查工作方案由组织该项工作的审计机关编制，经审计业务会审定，报审计机关分管领导批准后，下达到承担具体审计任务的下级审计机关或审计组实施。

### （二）专项审计调查实施方案的编制

专项审计调查实施方案是审计组为完成审计任务，从发送审计通知书到审计报告全过程的工作安排。审计调查实施方案应当将审计工作方案具体化，具有可操作性：一是细化审计或调查的内容和重点，二是明确具体工作方法和措施。通常，专项审计调查实施方案应主要包括以下内容：

(1)审计调查目标，将审计工作方案的审计调查目标进一步具体化，被调查单位的名称和基本情况包括经济性质、管理体制、机构设置、业务或经营情况，内部管理和内部控制情况，资产负债和权益情况，计算机和信息系统情况，以往接受审计的情况。

(2)内部审计成果的可信度和可利用程度。

(3)审计调查的范围、内容和重点。明确对审计调查目标有重要影响的审计事项的工作步骤和方法、审计调查的范围，应满足审计工作方案的要求。选择审计对象通常考虑其代表性和重要性，一是能代表调查对象的总体情况，不能以偏概全；二是在调查对象中占有重要地位，能代表总体特征和主要发展趋势。

(4)审计调查工作起讫时间。

(5)审计组长、审计组成员及其分工。

审计调查实施方案由审计组编制，经审计组所在部门负责人审核后，报组织专项审计调查的审计机关备案。组织专项审计调查的审计机关要对各审计组的实施方案进行审核。审核的重点：一是各实施方案确定的审计调查目标是否与审计调查工作方案中总的工作目标一致，是否明确；二是审计调查的内容和重点是否与工作方案中的一致，是否根据具体情况进行了明确和细化；三是审计调查工作的步骤、方法和措施是否具体、可行，能否体现审计调查的工作要求。

## 第四节　专项审计调查报告

### 一、专项审计调查报告的基本要素

审计调查实施后，审计组应当向审计机关提交审计组的审计调查报告。审计调查报告是调查情况和成果的集中体现。专项审计调查报告的基本要素包括标题、主送单位、正文、报告出具单位、报告日期等，但审计调查报告正文的侧重点有所不同。

**(一)被调查事项的基本情况**

撰写时应把握相关性和侧重点，反映被调查单位与调查事项的相关情况，包括单位名称、经济状况、经营管理情况、资金规模及构成、历史沿革、现行管理体制、内部控制等。

**(二)实施审计调查的情况**

包括审计调查的实施时间、审计调查的单位、涉及的资料、调查的资金量、运用的审计调查的主要方法等。如果使用抽样审计，应对样本量的情况进行描述。

**(三)审计调查的结论和评价意见**

对审计调查结果要有总体描述和评价。总体评价意见是对诸多情况和问题进行归纳的结果，要恰如其分，既要肯定其取得的成效，又要客观指出总体问题，注意总体问题要有具体问题支撑。结论和评价意见主要包括几个方面：

1. 真实性评价

主要评价调查事项的收支是否真实发生，有关会计信息和经济信息是否准确反映了实际收支状况和管理业绩。用数据描述审计调查内容的总体特征或某一方面情况时，数据选取要服从观点，不可堆积数据，使报告冗长繁杂。

2. 合法性评价

主要评价被调查单位或调查事项的收支、经营管理活动是否符合有关法律法规和政策。

3. 效益性评价

主要评价被调查单位和调查事项的业务活动的经济性、效率性和效果性。

4. 其他方面的评价

对一些特定调查事项提出评价意见，如建设项目功能的发挥情况，一些特殊项目对环境的影响，管理制度和政策法规的建立情况，潜在风险等。

**（四）审计调查发现的主要问题、可能带来的后果或者影响以及原因分析**

1. 审计调查发现的主要问题包括违法违规问题和需研究解决的问题。

2. 对违法违规问题的表述，要按问题的大小程度排列，列出每类问题的性质、金额和违反的法规。

3. 另一类是需研究解决的问题。在审计调查中可能发现一些问题明显不合理，但政策界限不清，法规不明确，使审计难以做出明确判断，审计人员应特别注意，这可能是审计的亮点所在。

对这类问题，应在报告中分析可能产生的不良后果和影响，这时审计人员不仅要考虑对当前的影响，还要关注对未来的影响。

此外，还要注意反映体制、机制和管理不善问题，以及所产生的经济损失的程度和趋势。审计人员可以运用科学合理的评价标准和推算数据，分析说明结果，这是审计调查报告和常规审计报告的区别。每类问题应列举出一、两件突出的典型事例。

4. 原因分析。一般地说，问题产生的原因是多方面的，审计人员应抓住主要原因。对问题成因的分析应分层次叙述：第一，主观原因，重点分析被调查单位和领导人员的思想动机。第二，客观原因，是历史遗留问题，还是外部原因和内部原因。外部原因，如政策不完善、体制问题；内部原因，如管理制度不健全、内部控制设计缺陷等。

**（五）审计建议**

审计调查成果的好坏，能否发挥作用，取决于审计建议的质量。提出审计建议要注意以下几个方面：一是审计建议的针对性，不要泛泛而谈，应根据问题成因，针对不同层次和部门提出审计建议，如上级管理部门管理制度的制定和修订，执行单位内部控制的完善等；二是建议的可操作性，在当前条件和情况下可能做到的，提出审计建议应有具体内容和措施、具体执行主体；三是审计建议的前瞻性，不仅要解决现实问题，还要着眼于长远发展。

为全面反映审计调查情况，审计调查报告应附有审计调查基本数据表、审计结果和问题金额统计分析表、反映和描述情况的其他图表。

## 二、撰写综合报告时应注意的问题

对于统一组织的专项审计调查项目，组织该项目的审计机构还要对各单位实施审计调查的情况和结果进行汇总，形成专项审计调查情况的综合报告。在汇总审计调查情况、形成综合报告过程中，审计人员要注意以下问题：

（1）对各实施单位提交的专项审计调查报告进行审核。审核的内容包括：报告所反映的情况和问题是否符合工作方案的要求；报告中反映的情况和问题是否事实清楚、证据充分、分析评价恰当；报告所提建议是否可行，填写的表格是否齐全、正确。

(2)在对各审计组审计调查报告进行审核的基础上，从中提炼共性的问题和情况，站在特定事项总体的高度，综合反映问题、分析原因、提出建议。

# 参 考 文 献

[1] 中华人民共和国现行审计法规与审计准则及政策解读 2018 年权威解读版编写组. 中华人民共和国现行审计法规与审计准则及政策解读(2018 年权威解读版)[M]. 上海:立信会计出版社,2018.
[2] 谭丽丽,罗志国,等.《内部审计工作法》[M]. 北京:机械工业出版社,2017.
[3] 李冬辉. 内部审计[M]. 上海:上海财经大学出版社,2015.
[4] 天职(北京)国际工程项目管理有限公司. 建设项目跟踪审计实务[M]. 北京:中信出版社,2014.
[5] 温州市内部审计协会. 现代内部审计实务[M]. 北京:中国时代经济出版社,2007.
[6] 中华人民共和国水利行业标准. 水利基本建设项目竣工决算审计规程[S]. 北京:中国水利出版社,2012.
[7] 审计署行政事业审计司. 部门预算执行审计指南[M]. 北京:中国时代经济出版社,2007.
[8] 曹慧明. 建设项目跟踪审计实务[M]. 北京:中国时代经济出版社,2006.